Mummery

Une histoire de trois idéalistes

Gilbert Cannan

Writat

Cette édition parue en 2024

ISBN : 9789359945927

Publié par
Writat
email : info@writat.com

Contenu

je

UNE DESCENTE SUR LONDRES

Un jour d'août, dans une de ces années rapides qui précipitèrent l'Europe vers la catastrophe qui l'attendait, arrivèrent à Londres deux apparitions insolites, frappantes, charmantes et amusantes. L'homme était grand, grand et étrangement composé d'une beauté sensible et d'une maladresse lourde. Il entra à Londres avec un air hostile ; il reniflait avec dégoût les odeurs de la gare, regardait avec détresse à travers la lumière trouble et, clairement, par sa personnalité et l'exploitation qu'il en faisait dans sa tenue vestimentaire, il remettait en question l'uniformité de la grande ville qui était sa maison. Sa tenue était particulière : un énorme chapeau noir au-dessus d'une mèche de cheveux blonds épars, un habit noir mal coupé, un manteau rejeté sur les épaules, un col amidonné très haut, des pantalons abominables et de longues bottes françaises pointues.

« Mais ils ont reconstruit la gare ! » dit-il d'une voix forte de désapprobation presque maussade.

"Je me souviens avoir lu cela, Carlo", répondit son compagnon. "Il est tombé et a détruit un théâtre."

"Mauvais présage", a déclaré Charles Mann, "J'aurais aimé que nous soyons arrivés à une autre gare."

"Je ne pense pas que cela ait de l'importance", sourit Clara Day.

«Je dis que oui», dit-il sèchement. «C'est une méchante petite gare. Une gare londonienne doit être grande et spacieuse, la magnifique antichambre d'une ville royale. Je dois les convaincre de me laisser concevoir une gare.

«Ils ne tombent pas souvent», dit Clara. «J'aimerais que vous vous occupiez des bagages.»

Tous les autres passagers, Français et Anglais, avaient récupéré leurs bagages et s'étaient enfuis en toute hâte, mais Charles Mann n'était jamais pressé, et il restait renfrogné devant la gare que Londres avait eu l'audace d'ériger en son absence.

« En Allemagne et en Russie, murmura-t-il, on comprend que les gares sont très importantes.

« Prenez soin de vos bagages », insista Clara, et Charles Mann se promena à contrecœur le long du quai, laissant son compagnon à l'admiration des passagers arrivant pour le prochain train en partance. Elle le méritait, car elle était extrêmement belle, presque pathétiquement jeune pour le savoir écrit dans ses yeux et sur ses lèvres, et la charmante robe pourpre et vieux rouge dessinée par Charles pour sa silhouette élancée attirait les yeux curieux et un peu scandalisés du femmes. Il n'en était rien, mais la perfection de son individualité l'élevait au-dessus de cette tyrannie, tout comme la personnalité de Clara, dans sa force compacte et son délicieux mouvement libre, l'élevait au-dessus du conformisme qui fait des femmes de simples reflets les unes des autres. Lorsqu'elle bougeait, ses vêtements étaient liquides de sa vitalité. Quand elle restait immobile, ils étaient aussi monumentaux qu'elle. Elle et eux ne faisaient qu'un.

Elle était heureuse. Il lui avait fallu près de deux ans pour ramener Charles à Londres, où, en tant qu'Anglais et, comme elle le savait, l'un des Anglais les plus doués de son temps, se trouvait son travail, et elle était certaine qu'ici, à Londres, entre autres artistes, il serait possible de le dégager de ses propres pensées, qui le maintenaient extérieurement heureux mais l'empêchaient de faire une œuvre intelligible pour quiconque .

Il resta assez longtemps sur les bagages, et enfin elle courut le long du quai pour le trouver perdu dans sa contemplation.

« Avez-vous décidé où nous allons ? elle a demandé.

« Hein ? »

« Avez-vous décidé où nous allons ?

«Je dois trouver une secrétaire», répondit-il, et Clara éclata de rire. « Mais je le dois », poursuivit-il. « Il me faut absolument une secrétaire. Je ne peux rien faire sans un... Ce sera un homme bon et il sera payé quatre cents par an.

Clara s'est approchée d'un porteur et lui a dit de porter leurs bagages à l'hôtel.

« Nous pouvons rester là pendant que nous regardons autour de nous », dit-elle. Elle avait appris que lorsque Charles parlait d'argent, il valait mieux l'ignorer. Elle prit des chambres bon marché au sommet de l'hôtel, avec vue sur la rivière jusqu'aux collines du Surrey, et là, jusqu'à trois heures du matin, Charles fumait des cigares et parlait, comme lui seul savait parler, d'art, d'Italie et Paris, qu'ils avaient quitté sans payer leur loyer, et les délices et les abominations de Londres.

«Je suis satisfait maintenant que vous aviez raison», dit-il. « Nous voici à Londres et je vais commencer à faire mon vrai travail. J'aurai une secrétaire et un agent de publicité, et je parlerai à Londres dans la langue qu'elle comprend... Paris me connaît, Munich me connaît, Saint-Pétersbourg me connaît ; Londres me connaîtra. Il y a des artistes à Londres. Tout ce qu'ils veulent, c'est une piste.

Clara se coucha et resta allongée un long moment avec des souvenirs erratiques qui lui traversaient la tête : les journées dans les collines en Italie, les nuits de faim à Paris, l'homme louche qui la regardait si fort sur le bateau, le port lugubre de Calais, l'atterrissage plus lugubre à Douvres, l'existence détachée de ses trois années avec Charles, dont l'étonnante vitalité allume et décevait continuellement son espoir... Et puis les souvenirs étranges et laids de sa propre enfance errante et sans abri avec son grand-père, qui était mort à Paris, lui laissant le peu d'argent qu'il avait, de sorte qu'elle était restée parmi les artistes de Paris, en avait été engourdie et étourdie, jusqu'à ce que Charles prenne possession d'elle exactement comme il le faisait des chats, des chiens et des oiseaux errants à Paris. cages.

« Nous sommes à Londres, dit-elle, et j'ai vingt et un ans. Elle aussi s'approcha de Londres dans un esprit d'hostilité provocante, déterminée si, comme elle le croyait, il n'y avait rien qu'une femme ne puisse faire, que Londres devait reconnaître Charles comme le génie dont il remarquait si constamment qu'elle avait besoin.

Le matin, elle se levait tôt et se tenait à la fenêtre, regardant l'étendue de la rive sud de la rivière jusqu'au dôme de Bedlam et à la tour de la cathédrale de Southwark, les cheminées groupées et la litière grise de toits en désordre et entassés. .

«Ce n'est pas Londres», dit Charles depuis le lit, alors qu'elle pleurait avec extase. « Londres est un tout petit cercle dont le centre est, pour la cultivée National Gallery, et pour le vulgaire Piccadilly Circus... Piccadilly Circus, nous pouvons l'ignorer. Ce que nous devons faire, c'est nous tenir debout sur le dôme de la National Gallery et chanter notre gospel. Alors, si nous parvenons à nous faire entendre par les gens cultivés, nous aurons les vulgaires bouche bée et ouvrant leurs poches.

"Je ne veux pas que tu sois applaudi par des gens qui ne peuvent pas t'apprécier", a déclaré Clara.

'Non?' grommela Charles. "Eh bien, je vais prendre un bain et un petit-déjeuner et ensuite je vous étonnerai."

«Tu fais toujours ça», s'écria Clara. « Chéri Charles ! »

Elle sonna et s'assit sur le lit, et quelques minutes plus tard , ils savouraient leur petit-déjeuner continental composé de café, de petits pains et de miel.

« J'ai parfois l'impression, dit Charles, que j'ai simplement pris la place de votre grand-père... Vous êtes la seule créature que j'aie jamais rencontrée qui soit plus jeune que moi. C'est pourquoi tu peux faire de moi ce que tu veux... Mais tu ne peux pas me faire laisser pousser la barbe.

'J'espère que tu voudra.'

« Et alors je devrais être comme ton grand-père ?

'Non. Vous seriez davantage comme vous.

« Espèce d'adorable enfant, » dit-il. « Vous me réformeriez pour faire disparaître l'existence si vous aviez ce que vous vouliez. »

Charles se leva, prit son bain, se rasa et sortit, laissant Clara déballer ses affaires et dresser la liste des vêtements dont il avait besoin avant de pouvoir le juger apte à sortir dans ce Londres dont le centre est la National Gallery.

Comme il ne revenait pas déjeuner, elle partit seule explorer la région qu'il entendait conquérir. Elle errait dans un rêve de délices, d'abord dans les galeries, puis dans les rues, jusqu'à Westminster d'un côté, jusqu'à Oxford Street de l'autre, et fixait dans son esprit l'emplacement de chacun des théâtres. . Elle s'intéressait particulièrement aux femmes et était à la fois blessée et satisfaite de l'aversion et de la suspicion avec lesquelles elles considéraient son originalité. De temps en temps, elle voyait un visage qui lui donnait envie de s'approcher de son propriétaire et de lui dire : « Je m'appelle Clara Day ; Je viens d'arriver à Londres, mais elle s'abstint ; et quand les gens lui souriaient, comme beaucoup le faisaient, elle leur rendait leur sourire et se précipitait dans son empressement à explorer et à comprendre le royaume qui devait appartenir à Charles Mann – un royaume, comme d'autres, de splendeur et de misère, mais extrêmement riche. avec ses hôtels immenses, ses grands immeubles de bureaux, ses vastes théâtres et music-halls, ses immenses magasins remplis de marchandises de la plus haute qualité ; bijoux, vêtements, fourrures, nappes, argenterie, couverts ; ses monuments, sa circulation dense ; ses marchands de fleurs et ses innombrables marchands de journaux ; ses aperçus à travers les rues aux hauts murs d'arbres verts, ses tours dominantes ; ses hommes et ses femmes se prélassent. Juifs, avec des chaînes d'or et des bagues en diamant, des Américains avec de gros cigares et des épaules rembourrées, des femmes maquillées, des nègres, des policiers, des vendeurs d'allumettes, des noirs de bottes ; ses immenses publicités colorées ; ses trous soudains, menant à des régions souterraines ; c'est une satisfaction de soi lente et riche… Cela intimida un peu Clara, et tandis qu'elle accélérait, elle se murmura : « C'est moi à Londres.

En revenant à l'hôtel, elle acheta un journal et, en l'ouvrant, découvrit qu'il contenait une interview de M. Charles Mann à son retour à Londres, une annonce qu'un dîner allait être donné en son honneur et qu'il destiné à organiser une exposition; puis les opinions de Charles sur de nombreux sujets furent exposées assez longuement, et il avait suggéré qu'un comité d'artistes soit formé pour superviser la régénération de Londres et vaincre l'américanisation qui la menaçait.

Clara retourna précipitamment à l'hôtel et trouva Charles dans un grand état d'excitation, en train de parler à un petit homme maigre et râpeux qu'il présenta comme étant M. Clott, son secrétaire.

« Cela a commencé, mon enfant », dit Charles. « Avez-vous vu les journaux ? Les choses vont vite aujourd'hui... Ce soir, je serai très occupé.

— Mais tu ne dois rien faire sans moi, protesta Clara. « Vous avez promis de ne pas le faire. Vous êtes sûr de tout gâcher.

« Clott, dit magnifiquement Charles, envoyez s'il vous plaît une copie de la lettre que j'ai dictée à la Press Association.

"Immédiatement", répondit M. Clott avec l'empressement d'un homme occupant un nouvel emploi, et il s'élança hors de la pièce.

« C'est un imbécile, dit Clara avec colère, un parfait imbécile.

— Bien sûr qu'il l'est, répondit Charles, sinon il ne serait pas secrétaire. Il s'est engagé à ce que d'ici la fin de cette semaine nous soyons dans une maison meublée et confortable.

« Mais qui doit payer pour cela ? »

« Il y a beaucoup d'argent dans le monde », dit Charles, si content de lui que Clara n'eut pas le cœur de poursuivre l'argumentation. « Londres, poursuivit-il, est un formidable lieu de discussion. Pour le moment, ils n'ont pas grand-chose à discuter, alors ils parleront de moi.

Clara sentit un instant qu'il était devenu aussi extérieur à elle que les gens dans les rues du royaume qu'il avait l'intention de conquérir, mais elle se souvint que chaque fois qu'il était au travail, il était toujours abstrait d'elle et entièrement absorbé par ce qu'il faisait. , mais pour revenir comme un géant rafraîchi pour entrer à nouveau dans son monde et le rendre plus délicieux qu'auparavant. Il était absorbé maintenant, et elle pensait avec un étrange pincement d'alarme aux femmes aux yeux ternes et méfiants, et, sans se rendre compte du lien entre ce qu'elle pensait et ce qu'elle disait, elle interrompit son absorption en disant :

"Carlo, mon cher, je vais devoir t'épouser."

Il se retourna comme s'il avait été piqué et demanda :

« Bon Dieu, pourquoi ?

Et encore une fois, sa réponse était étrange et venait d'un recoin éloigné de son être :

«Londres est différente.»

Or Charles Mann faisait partie de ces gens sensibles qui se soumettent immédiatement à la volonté d'autrui lorsqu'elle est précise et déterminée ; et quand chez cette fille, qu'il avait recueillie comme il collectionnait les ivrognes, les chats, les chiens et autres créatures sans défense, une telle volonté s'est déplacée , bien qu'elle ait transpercé son âme comme un fer chaud, il lui a obéi sans argument. Lui, dont la foi en lui-même était dispersée et dissipée, avait en elle une foi aussi entière que celle d'un enfant qui accepte sans murmurer un coup de fouet de son père.

«Ma chère fille…» murmura-t-il.

« Tu sais que tu devras le faire, » dit-elle fermement.

Il avait l'air mal à l'aise. Son large visage devint soudain cendré et jaune, et une certaine faiblesse se glissa dans ses lèvres et ses narines habituellement fermes. Les yeux de la jeune fille brillaient sur lui, le fouillant, le faisant se sentir transparent et si mal à l'aise qu'il ne pouvait rien faire d'autre que d'obéir pour soulager sa propre détresse aiguë.

'Oui bien sûr.'

« Tu ne veux pas ?

'Oui bien sûr.'

"Cela ne fait aucune différence pour nous à l'intérieur de nous-mêmes."

'Non. Bien sûr que non.'

Ce qu'il voulait dire, c'était : « Vous me coincez. Je n'ai pas l'habitude d'être coincé. Personne ne m'a jamais coincé auparavant.

Mais il ne pouvait pas le dire. Il ne pouvait qu'admettre que ce serait une bonne chose qu'ils se marient, car Londres était différente.

'Immediatement?' Il a demandé.

«Tout de suite», dit-elle.

Il sonna, demanda M. Clott et, lorsque celui-ci parut, lui ordonna de se procurer sans délai une licence spéciale. M. Clott le nota dans son petit livre rouge, glissa son crayon derrière son oreille et s'éloigna au trot, son petit dos étroit raidi par l'exaltation. Lui, un gentleman de l'Automobile Club, pour qui il n'y avait pas de vie en dehors du cercle étroit dont le centre est Piccadilly Circus, avait été inquiet au sujet de la jeune femme, qui n'était si clairement ni mariée ni achetable, et c'était un soulagement. il lui disait qu'elle devait être la femme de son nouvel employeur, même s'il avait peur d'elle et se ratatinait jusqu'à la moelle en sa présence.

II

LES HABITANTS ENCHANTEMENT

' *Californie marche* », dit Charles Mann à sa femme quelques semaines plus tard.

Son programme mûrissait. Il avait fait publier deux livres, organisé une exposition, formé un comité, donné des conférences dans les centres de province , et il avait été insulté par une offre de jouer un rôle dans une prochaine production de *Le roi Lear* au Théâtre Imperium. Il avait oublié qu'il avait déjà été acteur et ne souhaitait pas que cela lui soit rappelé, et il fut furieux lorsque le directeur de l'Imperium utilisa l'offre comme paragraphe publicitaire.

« Ce type est jaloux de l'attention que je reçois dans la presse et veut en détourner une partie pour lui.

« Tu devrais aller le voir », suggéra Clara.

"C'est à lui de venir me voir."

'Non. Allez le voir.

« As-tu raison ? »

"Je le suis toujours."

"Clott, notez cette lettre à Sir Henry Butcher, Imperium Theatre, SW... "Cher Sir Henry, Lorsque j'ai décliné votre aimable offre l'autre jour, mon refus était aussi privé que votre suggestion. Je ne peux que conclure qu'il s'agit d'une erreur. a été conclu et j'aimerais avoir un accord avec vous avant d'écrire une lettre d'explication à la presse...."'

« Vous pensez trop à la presse, Carlo.

— Seulement maintenant, chérie.... Plus tard, il faudra que la presse vienne me voir.

Clara avait l'air dubitative.

«Vous avancez trop vite», dit-elle. «Je m'habitue de plus en plus à Londres maintenant et j'en ai peur. C'est juste une très grosse machine sur laquelle il n'y a aucun contrôle. Il y a des moments où j'ai envie de t'en éloigner.

« Vous ne m'avez pas donné la paix jusqu'à ce que nous venions ici. »

'Oui. Mais je ne voulais pas commencer par le haut. Je voulais venir vivre comme nous vivions à Paris.

'Impossible. Ce qu'est la liberté à Paris, c'est la pauvreté à Londres.

« Mais tout votre temps est consacré à écrire dans les journaux et à siéger à des comités. Vous ne faites aucun travail.

« Cela fait dix ans que je travaille en exil. Je peux continuer comme ça pendant au moins un an.

'Très bien. Mais n'arrêtez pas de croire en vous.

'Je ne pourrais jamais faire cela.'

« Je pense qu'il serait très facile pour vous de commencer à croire à ce que les journaux disent de vous.

« Vous êtes trop jeune, ma chérie. Vous voyez les choses trop clairement.

Ils étaient maintenant dans la maison meublée que leur avait trouvée M. Clott, une maison des plus respectables dans un quartier irréprochable : une vieille maison récupérée des bidonvilles, refaite, repeinte , peinte, tapissée, décorée par une entreprise qui a fourni du goût. ainsi que des meubles. Charles détestait cela, mais Clara, qui par son grand-père connaissait et appréciait le confort, en était ravie et, avec quelques touches habiles dans chaque pièce, se l'appropriait. Cela lui faisait mal que Charles le déteste parce qu'il était bon et décent dans son atmosphère et appartenait à la veuve d'un homme de lettres célèbre, qui, intrigué par ce couple remarquable, avait appelé une ou deux fois et avait invité Clara chez elle. , où la jeune fille d'origine étrangère a découvert pour la première fois l'élément muffins et thé de la vie londonienne, qui est son meilleur et son plus caractéristique. Il lui semblait que, si Charles n'acceptait pas cela, il ne se réconcilierait jamais avec son pays natal comme elle le souhaitait. Il régnait autour des muffins et du thé dans un salon douillet une sérénité qui avait toujours été pour elle la marque distinctive des Anglais à l'étranger. C'était dans le caractère de son grand-père, et elle voulait que ce soit dans celui de Charles. C'était dans une certaine mesure dans son caractère à travers son art, mais elle voulait que ce soit aussi à travers des choses plus tangibles. Comme elle le voulait, elle le voulait, et sa volonté était une chose impersonnelle qui dans son mouvement entraînait tout son être avec elle, et elle n'avait pas plus de considération pour les autres que pour elle-même. Elle ne voyait aucune raison pour qu'un artiste ne soit pas en contact avec ce qu'il y avait de meilleur dans la vie ordinaire des gens ordinaires ; en fait, elle ne pouvait pas imaginer de quelle autre source il pourrait tirer sa subsistance...

Des amis et des connaissances étaient arrivés rapidement. Le succès fut si rapide qu'il en devint presque ridicule et n'en valait guère la peine, et les gens prenaient tout ce que Charles disait d'une manière littérale des plus exaspérantes. Elle comprenait ce qu'il voulait dire, mais très souvent elle constatait que ses propos étaient traduits en termes d'argent, de politique ou de théâtre commercial, où ils devenaient tout simplement absurdes. Il était en train de se transformer d'elle Charles en un monstrueux London Charles, un grand artiste dont la grandeur était plus importante que son art.

Elle s'en alarma d'abord à l'occasion du dîner que ce cher et délicieux garçon s'était donné pour lui-même, puis, avec une innocence enfantine, l'accepta comme une chose faite en son honneur - premier signe clair de la scission de sa personnalité qui était avoir des conséquences si fatales, pour elle et pour tant d'autres.

Il y avait trois cents invités. La chaire fut occupée par le professeur Laverock, en tant que représentant distingué de la peinture moderne, et il déclara que Mann était l'égal de Blake en vision, de Forain en technique, de Shelley en idéalisme clair. Les représentants du théâtre intellectuel de l'époque étaient présents et prenaient la parole, mais le théâtre du succès n'était pas représenté. Il y avait des critiques, des hommes de lettres, des journalistes des deux sexes, des idéalistes des deux sexes, des arrivistes , des carriéristes, tous ceux qui avaient jamais plaidé publiquement en faveur du théâtre comme véhicule de l'art. Le professeur Laverock déclara que la mission de Mann était d'ouvrir le théâtre au musicien, au poète et au peintre et, s'il pouvait exprimer son secret espoir, de le fermer à l'acteur. Il y a eu de nombreux discours, mais Clara les a tous écoutés, regardant droit devant elle, se demandant si une seule personne dans la pièce comprenait vraiment ce que Charles voulait et ce qu'il voulait dire. Qu'ils l'aient fait ou non, Charles ne les a pas beaucoup aidés, car en réponse au toast à sa santé, il s'est levé, a adressé un sourire enfantin à l'entreprise et a déclaré : « Je suis si heureux d'être de retour. Merci beaucoup. Le théâtre a besoin d'amour. Je te donne mon amour.'

Il s'assit si brusquement que Clara haleta et fut effrayée une seconde ou deux à l'idée qu'il était tombé malade. Mais lorsqu'elle se tourna vers lui, il bavardait gaiement avec son voisin et semblait ignorer une quelconque omission. Elle entendit un homme près d'elle dire : « J'espérais qu'il serait indiscret », et elle sentit avec une vive déception que ce n'était qu'un dîner, juste un divertissement parmi tant d'autres dîners et divertissements, et elle eut honte.

Charles, cependant, était ravi. « Des gens si gentils, dit-il alors qu'ils rentraient chez eux, des gens si charmants et quel bon dîner !

'Partir. Je te déteste. Tu es horrible, s'écria Clara en se jetant loin de lui.

« *Maintenant,* qu'est-ce qu'il y a ? » » demanda-t-il, complètement interloqué.

«Vous êtes si facilement satisfait», répondit-elle. "Les gens n'ont qu'à être gentils avec vous et vous pensez que le monde entier est le paradis."

« Ainsi en est-il de toi, poulet.

'Oh! Ne sois pas si content ! Ne sois pas si content ! Perdez-vous parfois en colère contre moi ! Je ne suis pas un enfant.

"Mais c'étaient *des* gens sympas."

'Ils ne l'étaient pas. C'étaient des gens terribles. Ils étaient là uniquement parce qu'ils pensent que vous *pouvez* réussir, et qu'il y aura alors du travail pour tous.

"Vous voyez tellement à travers les gens que vous oubliez qu'ils sont des gens."

« Cela vient du fait de vivre avec toi. Je dois voir à travers toi pour réaliser que tu es une personne....'

'Oh! Je *suis* donc une personne ?

"Seulement pour moi... Vous reflètez tout le monde."

"Ils ne valent pas plus."

'Ils sont. Tout le monde est. Si seulement tu étais toi-même pour eux, ils seraient eux-mêmes.

'Oh!'

Elle l'avait poussé, comme elle le faisait si souvent, à la réalisation de soi et à l'autocritique, un processus si douloureux que, livré à lui-même, il l'évitait complètement... Il marchait d'un air maussade. Ils traversaient St James's Park. Sur le pont, il s'arrêta, regarda l'eau et dit sombrement.

« Je pense parfois que mon âme est aussi placide, calme et superficielle que cette eau, et que toi, comme tous les autres, tu n'as vu que ton propre reflet en moi... C'est pourquoi j'aime le confort de l'agitation et du changement. N'importe quoi pour briser le silence.

« Vous ne pourriez pas dire cela si c'était vrai », a-t-elle déclaré.

'Non. Je suppose que non », et, avec un de ses étonnants changements d'humeur, il lui prit le bras et se mit à lui parler du jour où il l'avait rencontrée pour la première fois dans l'atelier de Picquart , où tout le monde était gai et vif sauf eux deux, de sorte qu'il il lui parlait, il semblait parler depuis toujours et ne songeait pas à cesser un jour de le faire. Et puis il lui a dit combien mieux que de lui parler était de se taire avec elle, et comment toutes sortes d'idées en lui, trop timides pour apparaître dans la solitude ou avec d'autres, étaient sorties comme des notes de musique à cause d'elle.

« J'ai presque oublié, dit-il, ce qu'est être amoureux. C'était là l'extrémité la plus éloignée de l'amour, quelque chose d'entièrement nouveau, si nouveau qu'il était totalement extérieur à la vie. J'ai dû y retourner à tâtons.

« Je t'aimais bien, dit-elle, parce que tu étais Anglais.

'As tu?' Il était perplexe. "Je pensais que c'était précisément ce que je ne suis pas."

Ni l'un ni l'autre ne pouvait être en colère très longtemps, ni l'un ni l'autre ne pouvait être rancunier. L'enchantement dans lequel ils vivaient disparaissait parfois pendant un moment, quand ils souffraient, et il se disait qu'il était trop vieux pour la fille, ou qu'il n'était pas le genre d'homme à vivre avec une femme, ou qu'il n'était pas le genre d'homme à vivre avec une femme. elle le séduisait de son travail, alors qu'elle restait simplement engourdie jusqu'à ce que l'enchantement revienne. Sans cela, il y avait des moments où il semblait tout simplement ridicule avec ses tonnes de papiers, et M. Clott, et son insistance tatillonne à être un grand artiste... C'était un grand plaisir pour elle de le ramener soudainement à des choses physiques comme la nourriture. et des vêtements et prendre soin de lui. Parfois, il oubliait tout sauf la nourriture et les vêtements, et alors elle vivait dans l'horreur qu'il reste ainsi et perde complètement le pouvoir d'abstraction et de concentration qui le rendait si singulier et si puissant, et si proche de l'homme qu'elle connaissait le plus profondément. ce serait si seulement quelque pouvoir, quelque événement, voire quelque accident, pouvait lui en faire prendre conscience et le forcer à sortir de son emprisonnement et presque de sa mise au tombeau dans ses propres pensées.

Sa volonté se concentra de nouveau sur lui et elle se dit : « Je peux le faire. Je peux le faire. Je sais que je peux et je le ferai. Et quand elle était dans ces passions féroces, elle se souvenait de son grand-père, le bon vieux bibliophile, qui la regardait avec inquiétude et lui disait :

"Ma chérie, quand tu veux quelque chose, regarde autour de toi et vois s'il n'y a pas une ou deux autres choses que tu veux."

Mais elle n'avait jamais compris ce qu'il voulait dire, et elle n'avait jamais pu regarder autour d'elle, car il y avait toujours une chose qu'elle voulait, et quand elle le voulait , elle ne pouvait pas s'en empêcher, et elle devait tout sacrifier, ses amis, ses biens, même amour. Et au fil du temps, elle réalisa que ce n'était pas Charles qu'elle voulait tant qu'une qualité immergée en lui. L'objet de son désir étant simplifié, sa volonté ne s'en fixe que plus fermement, voire rigidement.

Cela l'a amenée à l'analyser sans pitié ; son manque enfantin d'autocritique, sa placidité, sa vanité insatiable, son exploitation presque délibérée de son charme personnel, toutes ces choses qu'elle a mises de côté et ignorées. Elle revint alors à ses pensées, et là elle fut déconcertée parce qu'elle savait si peu de choses sur son histoire. Au-delà de ses pensées se trouvait ce qui l'intéressait passionnément, mais entre elle et lui dansaient d'innombrables Charles, tous attirant son attention, tous lui invitant à détourner les yeux de ce Charles Mann pour lequel elle avait faim d'un peu du culte que les femmes religieuses ont pour leur Sauveur .

Il était extrêmement gentil avec elle, presque d'une gentillesse oppressive. Il ne pouvait jamais être autrement envers aucun être vivant – dans le contact personnel, mais sans cela, il était insouciant, indifférent, oublieux, même si quand elle le revoyait, c'était comme s'il n'avait jamais été absent. Ils étaient considérés comme un couple charmant et très dévoué, et leur félicité domestique l'aidait dans sa réussite.

Beaucoup de discussions dans les journaux, de nombreux comités – mais Clara avait le sentiment qu'un simple autre Charles était en train d'être créé pour danser entre elle et son désir. C'était trop loin de ce qu'elle voulait, et elle ne voyait pas comment cela pourrait y conduire ; on parlait vraiment trop. Ce qu'il disait était très beau, mais il ne faisait que rassembler autour de lui un groupe de personnes plutôt flasques – et, ce qui était le plus exaspérant, il aimait cela ainsi que les autres... « Des gens si gentils.

« C'est très bien, dit Clara, mais nous dépensons bien plus que ce que vous pourriez gagner.

— Il y a des hommes riches qui sont intéressés, dit Charles.

"Mais tant que vous n'aurez pas gagné d'argent, ils ne vous en donneront pas."

Le bon sens était toujours trop fort pour lui, et il se retira de la discussion, perplexe et plutôt peiné.

Parce qu'elle était belle, elle attirait beaucoup d'hommes, beaucoup de flatteurs, mais à mesure qu'ils pénétraient dans sa grâce, ils tombaient sur le dur granit de sa volonté et étaient déconcertés, désagréablement dérangés, et avaient l'habitude de la quitter en jetant des regards furieux au bienheureux Charles, qui était sublimement inconscient des critiques de la part de ceux qu'il approchait. Il les acceptait tels qu'ils étaient ou semblaient être et attendait d'eux la même chose. Il était trop occupé, trop désireux, pour remettre en question ou chercher des motivations cachées chez ceux qui le soutenaient, et le fait qu'il cachait quoi que ce soit ou qu'il ait quelque chose à cacher ne lui était jamais venu à l'esprit ! Il avait autre chose à penser, toujours de nouvelles choses, de nouveaux projets, de nouveaux projets, et il n'était fondamentalement pas intéressé par lui-même. Un visage charmant, un joli nuage dans le ciel, le parfum d'une fleur, un verre de bon vin pourraient lui procurer un tel plaisir qu'il le ferait rayonner sur le monde et trouver toutes choses bonnes. C'était toujours une bagatelle qui le faisait planer comme une alouette chantante, toujours une bagatelle qui pouvait le sortir des profondeurs de la dépression. Il ne semblait pas avoir besoin d'une grande émotion, même si l'émotion concentrée avec laquelle il se lançait dans son travail était formidable. Heureux le peuple qui n'a pas d'histoire. Malgré tout ce qu'il savait, Charles n'avait pas d'antécédents. Il naissait de nouveau chaque matin, et il ne pouvait pas se rendre compte que le monde avançait de jour en jour...

Jamais la vie n'avait été aussi douce, jamais il n'avait eu autant de succès, jamais il n'avait eu autant d'argent, jamais on ne s'était autant occupé de lui, jamais autant de portes ne lui avaient été ouvertes, jamais des choses aussi agréables n'avaient été dites à son sujet. ! Il se couchait en chantant et se réveillait le matin en chantant, mais dans son cœur Clara était inquiète et méfiante à l'égard de Londres, plus méfiante à l'égard des artistes et des hommes de lettres qui envahissaient la maison et se rassemblaient au dîner élaboré que Charles insistait pour donner. tous les dimanches soir. Ils étaient trop dénonciateurs, trop distants, trop fiers de leur distance et parlaient trop. Elle pensait que Charles était trop bien pour eux et le disait.

« L'art est une fraternité », dit-il magnifiquement, « et le plus méchant des frères est mon égal.

« Ce n'est pas une raison pour que vous les connaissiez. Vous vous dévalorisez. En plus, c'est une perte de temps... Beaucoup de gens ne font jamais rien et... je n'aime pas ça.

'Ho! ho! Es-tu en révolte, poulet ?

« Je ne veux pas que tu gaspilles ce que tu as. Cela ne vaut pas la peine de dépenser de l'argent pour des gens qui ne peuvent rien pour vous.

«Je ne veux pas que quiconque fasse quoi que ce soit pour *moi* . C'est pour l'art.

« Mais ils ne comprennent pas cela. Ils pensent que toutes sortes de choses merveilleuses vont se produire grâce à vous.

" Alors ils le sont.... Cela n'a-t-il pas été merveilleux jusqu'à présent ? "

'Pour nous. Oui.'

« L'exposition n'a-t-elle pas été un grand succès ?

'Oui.'

'Très bien alors.'

— Mais vous n'avez vendu que le travail que vous avez fait au cours des dix dernières années. C'est le travail que vous faites actuellement qui compte. Quel travail fais tu?'

« Beaucoup… beaucoup. M. Clott n'envoie pas moins de quarante lettres par jour. Et je viens d'inventer de beaux designs pour *Volpone* .

« Est-ce que ça va être fait ?

"Ce sera quand ils verront mes créations."

Clara se mordit la lèvre. C'était précisément ce qu'elle avait espéré éliminer en venant à Londres. A Paris, il avait réalisé des dessins merveilleux . Des artistes étaient venus les regarder puis ils avaient été rangés dans un portfolio.

« Ce que je veux, dit-il, c'est un mécène, quelqu'un qui, ayant gagné son argent en savon, en pilules ou en margarine, souhaite réparer par l'art... Michel-Ange avait un mécène et je devrais le faire. ayez-en un, afin que je puisse faire pour mon théâtre ce qu'il a fait pour la Chapelle Sixtine.

Ce n'est pas pour lui qu'ils ont construit la chapelle Sixtine.

"Non... Non," marmonna-t-il.

« Ne vois-tu pas que les choses sont différentes *maintenant* , Charles. De nos jours, tout est payant et il n'y a pas de grands travaux publics à réaliser pour les artistes. Michel-Ange était également ingénieur... On ne peut plus concevoir un théâtre sans architecte, n'est-ce pas ?

« Pourquoi devrais-je le faire quand il y a des architectes pour le faire ? » Il commençait à se mettre en colère.

"Si vous le pouviez, vous seriez également capables de mettre en œuvre vos propres théories... Les gens veulent quelque chose de plus que des dessins sur papier..."

« Vous parlez comme si je n'avais rien fait.

«Cela a été trop facile... L'appréciation est si facile pour le genre de personnes qui viennent ici. Cela ne coûte rien et ils obtiennent une bonne affaire en retour.

« Ne t'inquiète pas pour moi, poussin. Je suis beaucoup plus pratique que vous ne le pensez.

« Je veux seulement savoir, dit-elle en se levant pour quitter la pièce, parce que si vous ne voulez pas travailler, je le dois.

« Mon très cher enfant, cria-t-il, ne sois pas si impatient. Ce n'est qu'une question de temps. Mon livre n'est pas encore sorti. Nous organisons les examens maintenant. Lorsque cela sera fait, le bal sera vraiment lancé.

— Pour être tout à fait franc avec vous, rétorqua Clara. «Je déteste que tout soit sur papier. Je vais apprendre le théâtre et je vais sur scène pour découvrir à quoi ressemble le théâtre.... Je ne vois pas comment je peux t'aider autrement, et si je ne peux pas t'aider, je dois partir toi.'

Il protesta bruyamment contre cela, si haut et avec tant de véhémence qu'elle se précipita et lui dit, les yeux flamboyants, qu'elle avait l'intention de faire sa propre carrière et que si cela s'accordait avec la sienne, cela dépendait entièrement de lui.

«Je ne veux pas que tu sois gâché», s'écria-t-elle, «je ne le ferai pas. Cela dure depuis trop longtemps, cette écriture sur papier et ces dessins sur papier, et maintenant, avec toutes ces colonnes sur vous dans les journaux, vous avez l'air d'être étouffé dans le papier. Autant être un homme politique ou un aventurier : vous n'avez aucune passion.

'JE! Pas de passion!'

'Sur papier. Le monde est étouffé par le papier, et Londres est étouffée par le papier. Mon grand-père me l'a dit. Il a passé sa vie à voyager et à lire de vieux livres – en fuyant tout cela. Je ne vais pas le fuir, et je ne vais pas vous laisser étouffer par cela… »

« Depuis combien de temps cela mijote-t-il en vous ?

« Depuis le premier jour où vous avez été interviewé... Nous ne vivons pas du tout notre propre vie, mais celle que nous dicte cette machine ridicule qui produit des journaux dix fois par jour. Étaient--'

— Très bien, dit Charles avec soumission. 'Que voulez-vous que je fasse?'

« Je veux que vous respectiez votre rendez-vous avec Sir Henry Butcher.

Il fit une longue grimace.

« Vous allez détester ça, je sais », a-t-elle ajouté, « mais il y a le théâtre, et il faut en tirer le meilleur parti. J'ose dire que Michel-Ange n'aimait pas particulièrement la Chapelle Sixtine.

III

IMPÉRIUM

Sir Henry Butcher était assis dans son sanctuaire, tirant son nez agressif et bulbeux et retournant avec regret le récit présenté par son directeur des affaires de la semaine dernière avec sa nouvelle production, une version spectaculaire d' *Ivanhoe* , dans laquelle il apparaissait comme Isaac d'York.

« Pas de traction », marmonna-t-il. "Pas de traction." Et pour se consoler, il prit un petit paquet rose de coupures de presse et les parcourut... « Merveilleuses notices ! Merveilleuses notices ! Ce sont ces maudits music-halls et cinémas qui dégradent le goût du peuple. Pourtant, le public est fidèle, merveilleusement fidèle. Ça doit être la pièce. J'aurais aimé lire le livre avant de laisser ses trois cents au vieux Kinslake . M'a dit que tout le monde l'avait lu....'

Sir Henry était un homme de soixante ans, bien conservé, avec ce côté doux et infantile que la peinture grasse donne à la peau. Il avait une tête énorme, de grands yeux sombres, sournois et pleins d'humour, dans lesquels, tandis que ses pensées fantaisistes superficielles traversaient son cerveau, brillaient des méfaits. Il était entouré de portraits de lui-même dans ses différents succès, et au-dessus de sa tête se trouvait un buste de lui-même dans le personnage de Napoléon. De temps en temps, quand il s'en souvenait, il serrait ses lèvres et rentrait son menton dans son sein, mais il ne pouvait pas se tromper lui-même, encore moins personne d'autre, et son expression habituelle était celle d'un bébé fade miraculeusement doté d'un connaissance des méfaits du monde.

Sa chambre était luxueuse mais sombre, éclairée uniquement par une lucarne. Les murs étaient tapissés d'un lincrusta d'or mat , sur lequel étaient accrochés des portraits du propriétaire de l'Imperium et une série de dessins pour les célèbres affiches de l'Imperium, qui, au fil des années, avaient égayé les rues sombres de Londres et sa banlieue toujours en expansion . Les yeux malicieux de Sir Henry allaient de dessin en dessin, et sa langue passait sur ses lèvres épaisses alors qu'il goûtait à nouveau la saveur de son succès – plus de vingt années ininterrompues. Il pensa aux salles bondées, aux brillants auditoires qu'il avait réunis, aux discours joyeux qu'il avait prononcés, aux banquets qu'il avait organisés après tant de premières représentations - et puis il pensa à *Ivanhoe* , une erreur. Pire qu'une erreur, une bévue stratégique, car le moment était venu où son ambition suprême devait se réaliser, faire reconnaître officieusement l'Imperium comme le théâtre national, afin qu'à sa retraite, il puisse être acheté pour la nation et réaliser son exploit. immortel... Macready, Irving, toute la grande lignée avait péri et n'étaient que des noms, tandis que Henry Butcher resterait dans les mémoires comme le créateur du théâtre, du théâtre populaire, du théâtre national... Puis il se souvint d'un personnage particulièrement un vin délicieux qu'il avait bu dans cette même salle au dîner, après une répétition avec la femme brillante qui l'avait guidé tout au long de ses débuts de carrière et l'avait sauvé à maintes reprises du désastre : Teresa Chesney. Ah ! il n'y avait personne comme elle maintenant, personne. Les actrices étaient des dames maintenant, elles n'étaient plus du théâtre... Il n'y avait plus personne avec qui une bouteille de vieux bordeaux avait une saveur aussi divine ... Elle ne l'aurait jamais laissé jouer *Ivanhoé* . Elle aurait lu le livre pour lui. Elle se tenait toujours entre lui et ces idiots du club.

Il se dirigea vers le tantale de son buffet, se versa un cognac et un soda, et but à la mémoire de Teresa, puis au portrait de sa femme, qui avait été si merveilleusement adroite à décorer la devanture de la maison avec des ducs, des duchesses, et des célébrités, mais il fallait le pouvoir de Teresa dans les coulisses.

Il était très pénible de constater que toutes les qualités ne pouvaient pas être trouvées chez une seule femme, et une litanie moqueuse flottait dans l'esprit de Sir Henry : « Une pour le devant de la maison, une pour l'arrière, une pour les paragraphes, une pour les affiches, mais un homme pour le business.'

Il s'allongea sur sa chaise et se chercha la cervelle pour trouver un moyen de transformer *Ivanhoé* d'un échec désastreux en un succès apparent, mais aucune idée ne lui vint, et jetant ses longues jambes et caressant son ventre rond, il dit :

« Si je peins mon nez en rouge et que je me donne deux grands sourcils, ils riront, et cela pourrait disparaître. Il me faut une pièce dans laquelle j'entre par la cheminée....'

Le téléphone à ses côtés sonna.

'Oui. Je suis terriblement occupé, terriblement... Très bien. J'appellerai dès que je pourrai le voir.

Il raccrocha, écarta de nouveau ses jambes et reprit ses pensées.

«Je pourrais rendre visite à l'Amérique. Ils continuent d'envoyer des gens ici. Mais sa mémoire se resserra en pensant aux critiques insultantes qu'il avait rencontrées lors de sa dernière visite à Broadway.

« Teresa me dirait quoi faire. Quelqu'un m'a dit que Scott était la meilleure chose après Shakespeare. Tant pis!'

Il posa la main sur un bouton de sonnette dans l'accoudoir de son fauteuil et, quelques instants plus tard, son secrétaire fit entrer M. Charles Mann. Sir

Henry se leva, se redressa de toute sa hauteur, mais dut même alors lever les yeux vers son visiteur.

'Comment avez-vous fait? Je me souviens de toi quand j'étais un garçon et je me souviens de ton père. Je me souviens même de son père à Drury Lane... Dommage que vous ayez rompu la tradition. Le public est fier des vieilles familles théâtrales.... Je regrette que vous n'ayez pas accepté le rôle que je vous ai proposé. J'ai vu ta photo dans les journaux et ton visage était exactement ça, et d'ailleurs ton retour sur scène aurait été intéressant.

Charles se hérissa et jeta son portefeuille et son grand chapeau noir sur la table.

"Je vous ai apporté mes créations pour *Volpone* ."

'Pour quoi?'

« *Volpone* — une comédie de Ben Jonson.

« Oh, Ben Jonson ! »

Sir Henry était déprimé. Il avait déjà rencontré des gens qui lui avaient parlé des vieux dramaturges.

Charles ouvrit son portefeuille.

« Ce sont des dessins que je viens de terminer. Vous voyez, classique, comme l'esprit de Ben.

"Il semble extrêmement haut", dit Sir Henry, les yeux pétillants.

"C'est ce que je veux," répondit Charles, "c'est ce que je veux, pour que les chiffres soient éclipsés."

« Il faudrait que je modifie mon avant-scène », rit Sir Henry, et Charles, qui ne entendit pas le rire, poursuivit avec empressement :

«J'aimerais que ce soit joué par des poupées.»

Sir Henry retourna les dessins et joua avec l'argent qu'il avait en poche.

« Vous n'avez jamais vu mon *roi Lear* , n'est-ce pas ?

«J'en ai vu des photos. Trop réaliste. Une visite à Stonehenge aurait répondu au même objectif. Il vous faudrait alors déclencher une tempête telle que celle de *Lear serait noyée* .

Sir Henry se souvint de son rôle et fit sortir une énorme voix de son ventre et rugit :

"Faites rage, soufflez et noyez les clochers." Puis il faisait résonner sa voix dans son ventre et tapait du pied comme le trompettiste-basse d'un orchestre de rue.

« Superbe », s'écria Charles.

'Ma voix?' » demanda Sir Henry, maintenant très content de lui.

— Mes dessins, répondit Charles en frottant son pouce sur un trait qui le ravissait particulièrement.

« Ô Cieux ! Sir Henry ne prêta plus attention aux dessins et dit d'une voix traînante : « C'est une chose merveilleuse, le théâtre. Il y a de la vie dedans — la vie ! Je déteste le quitter. Vous n'êtes jamais allé dans ma chambre auparavant ?

« Un jour, j'ai attendu deux heures en bas pour vous demander de me donner un rôle. Vous ne m'avez pas vu et j'ai arrêté de jouer.

'Oh! et maintenant, quand je t'offre un rôle, tu le refuses… »

"Les choses sont très différentes maintenant... J'ai été très bien accueilli à Londres."

« Que pensez-vous d'un théâtre national ?

"Chaque nation, chaque ville devrait avoir son théâtre."

« Le mien est le meilleur théâtre de Londres. »

'Tu ne feras pas *Volpone* ? C'est l'une des plus belles comédies jamais écrites.

"Je n'ai jamais entendu parler de cela."

Charles jeta ses dessins dans son portefeuille, saisit son chapeau, le plaça sur sa tête et était arrivé à la porte lorsque Sir Henry le rappela.

"Que dites-vous de *La Tempête* ?"

"Il n'a pas besoin de décor."

'Oh, viens ! Le navire, les sables jaunes. La grotte de Prospero — des photos jusqu'au bout — et le masque... Je veux faire *La Tempête* sous peu et je serais heureux de votre aide.

« Je devrais m'attendre à ce que vous achetiez mes dessins et que vous me payiez dix mille livres.

Sir Henry l'ignora. Il connaissait son homme de réputation. Pour lui, dix mille livres ne représentaient pas plus qu'un pence et six pence. Il se contenta d'évoquer les premiers chiffres qui lui venaient à l'esprit. Sir Henry reprit :

«Je veux que *The Tempest* soit ma première production d'automne. Je mets mon théâtre à votre disposition... Pour être tout à fait franc avec vous, c'est pour cela que je vous ai proposé ce rôle. Le théâtre veut quelque chose de nouveau. Le ballet russe a bouleversé les gens. Ils s'attendent à quelque chose de surprenant... Le pauvre vieux Smithson, qui peint mes paysages depuis vingt ans, est horrifié lorsque je suggère quelque chose de ce genre.

« Si je fais *La Tempête* pour vous, rejoindrez-vous mon comité ? »

« Euh… je… euh… Vous devez me laisser le temps d'y réfléchir. Vous savez que nous, les managers, devons penser les uns aux autres. »

Charles commença à souhaiter ne pas être venu. La suggestion d'influences mystérieuses derrière Sir Henry l'alarmait, et chez lui il y avait l'énergie furieuse de Clara qui le forçait à s'embrasser dans les bras de cette énorme machine de théâtre, qui abandonnait son *Volpone* et l'obligeait à faire quelque chose pour lequel il n'avait pas la moindre envie. inclination. Pourtant, sa foi en elle était si implicite, sa vie avait été si merveilleuse depuis qu'elle y était entrée, qu'il acceptait l'exactitude de sa divination de la futilité de sa procédure par l'intermédiaire d'artistes et de lettrés, qui se nourriraient de sa renommée et l'augmenteraient. avoir encore à dévorer. où se mêlaient un restaurant à la mode et un bureau de change. Il ne s'était pas senti aussi mal à l'aise depuis qu'il était écolier en présence de son directeur, et pourtant il jouissait d'une réputation européenne, tandis qu'en dehors du monde anglo-saxon, Sir Henry était à peine connu.

Le grand acteur a escorté avec condescendance le grand artiste dans les escaliers recouverts de moquette jusqu'à une porte privée qui menait au cercle vestimentaire. Le théâtre était dans le noir. Les sièges étaient recouverts de draps blancs, et Sir Henry regarda autour de lui et soupira :

'Ah! il fait froid, il fait froid, un théâtre se refroidit vite. Mais cela vous possède. L'art ressemble beaucoup à une femme. Elle ne livre son trésor qu'à la passion la plus pure.

« L'art n'a rien à voir avec les femmes », a frappé Charles et, comme Sir Henry n'avait fait qu'une phrase, il n'a pas été offensé. Charles serra la grosse main grasse qu'on lui tendait et s'enfonça dans la rue... Ah ! C'était bon de se retrouver dans les airs, de regarder le ciel, de voir les passants vaquer à leurs occupations. Il y avait un silence dans le théâtre qui lui faisait penser à Sir Henry dans sa chambre comme à un gros poisson pâle nageant dans un bassin dans un aquarium sombre... Après ses années de liberté dans des pays délicieux, où les gens vivaient dans pas pressé et étaient capables avec beaucoup de charme de ne rien faire de particulier pendant des semaines, la captivité d'une personne aussi éminente et puissante le consternait et l'écrasait... Il n'avait rien rencontré de tel lors de son précédent séjour à

Londres, et il était de nouveau possédé par la rage ahurissante qui l'avait saisi en voyant la gare reconstruite à son arrivée. Il était hors de tout cela depuis si longtemps, et pourtant il en faisait partie, et il frissonnait à l'écart de la captivité croissante de Londres, et pourtant il avait très envie d'en faire partie... C'était presque déconcertant une nouvelle ville. Pendant son absence, l'immense changement des véhicules à cheval vers les véhicules à essence avait eu lieu et un nouveau style d'architecture avait été introduit. L'air était plus pur, les rues aussi. Les vitrines des magasins étaient plus grandes. Il y avait partout plus de spectacles, plus de couleurs , des mouvements plus nombreux et plus rapides, et pourtant dans le théâtre régnait ce calme mortel.

Il entra dans une magnifique boutique, où toutes les fleurs ressemblaient un peu à des petites filles habillées pour une fête, et fit envoyer des roses à Clara, pour laquelle il commençait à ressentir une responsabilité rudimentaire. Cela le réconfortait de faire ça. D'une manière ou d'une autre, cela brisa le calme qui l'avait infecté et le plus profondément choqué, tant il était différent du théâtre dans lequel il était né et avait grandi, ce théâtre un peu stupide et très sentimental, habité par de simples vagabonds au bon cœur, isolés. issus du monde de la morale et de la religion, mais passionnément fiers de leur vocation et la plaçant au-dessus de la morale et de la religion. Mais ce théâtre, magnifique dans ce nouveau Londres magnifique, était vide et immobile. Une grande partie du théâtre qui lui avait été cher avait disparu, et il le pleurait, se lamentait aussi sur sa propre folie, car il se retrouva soudain confronté au fait que le théâtre qu'il avait proposé avec tant de légèreté à le renversement, le théâtre de l'acteur, avait disparu. En l'attaquant, il battait l'air. Il devait faire face à un nouvel ennemi.

Alors qu'il sortait de St James's Park dans Victoria Street, une femme l'a abordé. Il la regarda, ne la reconnut pas et partit, car il était pointilleux et ne s'intéressait pas aux femmes de hasard. C'était une petite femme, très alerte, et elle était plutôt mal habillée. Elle était jeune, mais déjà ses lèvres s'étaient raidies dans la dureté de l'espoir et de la passion déçus et ses yeux brillaient de cette lueur extraordinaire qui suscite une pitié aussi froide que la glace.

« J'ai vu que vous étiez de retour dans les journaux, dit-elle. "C'est dommage que tu ne puisses pas te cacher."

Charles la regardait, la regardait et la regardait, cherchant une excuse pour faire semblant de ne pas la connaître mais restait enraciné.

« Vous n'êtes pas si jeune que vous l'étiez, poursuivit-elle. « On parle beaucoup de vous dans les journaux, mais je vous connais ; ce ne sont que des paroles.

« Ma bonne femme, dit-il, c'est tout ce que vous avez à dire ?

"Ça va rester", dit-elle, et elle se tourna brusquement et le quitta, sentant que toute la force avait disparu de ses jambes, toute la sensation de ses entrailles, ne laissant qu'une pitié nauséabonde qui rappelait souvenir après souvenir d'horribles souvenirs. émotions, sans aucune mémoire physique pour les fixer afin qu'il soit à leur merci. Enfin des souvenirs physiques commencèrent à surgir, de manière plutôt ridicule, les salles de théâtre, les théâtres de province, les arcades de Birmingham. Et un chapeau de paille bleu qu'il lui avait acheté il y a longtemps ; et enfin son nom. Kitty Messenger et sa mère, une actrice aux cheveux dorés avec une langue comme un fléau dans un certain tempérament, comme la trompe d'une abeille en quête de miel dans un autre.

« J'avais oublié », se dit Charles. « J'avais vraiment oublié. Eh bien, l'argent réglera le problème. Je vais devoir faire *La Tempête* pour ce poisson.

Penser à l'argent lui rendit un sentiment de sérénité. Un argent merveilleux qui peut submerger tant de maux : un argent qui signifie un travail accompli quelque part – le travail, seul réconfort de la misère humaine. Mais Charles n'avait aucune idée du rapport entre le travail et l'argent, ni du fait qu'en en utilisant de grandes quantités, il détournait à son propre usage plus que sa juste part du confort de l'humanité. Il avait tellement à donner si seulement l'humanité voulait le prendre et payer pour cela. Ce qu'il avait à donner était inestimable, c'est pourquoi il n'avait aucun scrupule à fixer son prix à un niveau élevé... De *la Tempête,* une richesse illimitée découlerait. Il s'en persuada rapidement et, au moment où il atteignit sa maison meublée, il avait endormi son inquiétude et avait apaisé le dégoût et la répugnance du passé suscités en lui par la rencontre avec Kitty Messenger.... La vision était si rose devenu sous l'influence de sa richesse potentielle qu'il rencontra Clara sans état d'âme, et oublia même que Sir Henry était comme un poisson dans un aquarium.

« Nous nous sommes bien entendus, dit-il, et je dois avoir tout le théâtre pour *La Tempête* d'automne.

«Je vous ai dit que j'avais raison», dit-elle.

« Soyez bénis, mon enfant », s'écria-t-il. « Tu l'es toujours, toujours. Et maintenant, nous allons sortir boire du champagne. Voici une santé à Sa Majesté, avec un fall - lal -la.

Il ressemblait à un garçon rebelle, et Clara n'aimait pas cette humeur chez lui, car il était plutôt rude et lourd dans son humour , faisait des blagues rafales et plutôt stupides, mangeait avec voracité et buvait comme un charretier.

Ils se rendirent dans un restaurant des plus élégants, où leur entrée fit grand bruit, et on murmura d'un bout à l'autre de la salle qui il était. Et la fille avec lui ? Les gens haussaient les épaules... Les yeux de Clara étaient brillants et elle regardait de table en table les hommes élégants et bien soignés, et les femmes voyantes avec leurs ornements de cheveux criards, leurs épaules nues poudrées et leurs belles robes. Elle regardait tour à tour, cherchant avidement… elle ne savait quoi ; une puissance, peut-être, une puissance qui devrait justifier leur élégance coûteuse. Cela la blessait comme un mensonge, car, en regardant de personne en personne, elle ne pouvait pas deviner l'individualité sous l'uniforme, et elle était encore assez jeune pour vouloir le faire… Pendant ce temps, tandis qu'elle regardait, Charles nous mangions et buvions vigoureusement et, il faut l'avouer, bruyamment. Il n'y avait aucune suppression de l'individualité chez Charles. Cela débordait en lui. Il était allé dans ce restaurant pour s'amuser ; non pas parce que c'était un endroit fréquenté par des gens qui réussissaient... Les yeux de Clara revinrent vers lui. Oui, elle préférait son Charles à tout le monde, si seulement… si seulement il se rendait compte qu'elle pensait à autre chose qu'à lui.

D'une table voisine, un très bel homme vint et tapota l'épaule de Charles.

« Il n'y a aucun doute sur vous, mon vieux, » dit-il. «Je reviens tout juste d'Amérique. On pense beaucoup à vous là-bas depuis votre conquête de Londres.

— Vous n'avez pas rencontré ma femme, dit Charles la bouche pleine. « Quel endroit splendide c'est ! Poulet, ici Freeland Moore. Autrefois, nous étions ensemble avec le Vieil Homme.

« J'étais avec lui lorsqu'il est mort », a déclaré Freeland, « mort attelé. Il n'y a plus personne comme lui maintenant.

'OMS?' demanda Clara, immédiatement consciente du souvenir d'une grande personnalité.

«Henry Irving. Il était prince et maintenait la royauté en vie en Angleterre. Cela semble il y a longtemps maintenant. Ne viendras-tu pas nous rejoindre pour prendre un café quand tu auras fini ? Je suis avec Miss Julia Wainwright ; elle est avec nous à l'Imperium. Pas pour longtemps, j'en ai peur. C'est un lessivage.

«Ah!» » dit Charles, se souvenant du regard déprimé de Sir Henry autour du théâtre, et il se voyait redonner splendeur et succès à l'Imperium.

Après le dîner, ils se rendirent à la table de M. Moore et Clara, serrant la main de Miss Wainwright, se sentit chaleureusement attirée par la grande et généreuse créature avec sa poitrine expansive, sa silhouette tombante, son visage et ses cheveux teintés et ses yeux ridiculement longs et doux. Il y avait de la place dans Miss Wainwright pour une douzaine de Clara. Elle regarda avec sentimentalité et avec un étonnement qui se répandit en rides sur son grand visage vers l'alliance de la jeune fille et dit :

« Je suis tellement heureux de te rencontrer, mon enfant. J'ai demandé à Freeland de venir te chercher... Tu n'es pas sur scène, n'est-ce pas ?

"Non", répondit Clara, "mais je vais le faire."

«Ce n'est plus ce que c'était», reprit Miss Wainwright en sirotant sa *crème de menthe* . Les Wainwright ont toujours exercé ce métier, mais j'envoie mon garçon dans une école publique... Vous n'êtes pas anglais, n'est-ce pas ?

« Oh, oui », répondit Clara, « mais j'ai toujours vécu à l'étranger, en Italie, en Allemagne et en France avec mon grand-père. Mon père et ma mère sont morts en Inde, mais je suis né à Londres.

« Si vous voulez vous déplacer, dit Miss Wainwright, rien ne vaut le métier. J'ai été en Australie, à Ceylan, en Afrique du Sud, en Amérique, mais jamais au Canada... Je reviens tout juste d'Amérique avec Freeland, et nous avons pris la première chose qui est arrivée : *Ivanhoe* . C'est un beau spectacle mais la pièce ne vaut pas... Pourquoi ne pas venir la voir ? Freeland, va téléphoner à M. Gillies pour qu'il garde une boîte pour Mme Mann.

Freeland obéit, foulant le sol du restaurant comme s'il s'agissait d'une scène.

«Je suppose que vous n'êtes pas désolé d'avoir abandonné le métier de comédien, Charles», dit Miss Wainwright avec sa plus grande affabilité. Elle débordait de charme et en entourait Charles et Clara, de sorte que presque pour la première fois Clara se sentit vraiment identifiée à son grand homme. Ceux qui adoraient au sanctuaire de sa grandeur la considéraient toujours comme une auxiliaire et leur politesse la glaçait, mais Miss Wainwright balayait la grandeur de côté et ne se préoccupait délicieusement que de ce qu'elle considérait comme un couple frappant et très heureux.

Charles, absorbé par une orange, ne répondit qu'une grimace.

« Je ne sais pas comment tu as fait… Je ne pouvais pas. Un joueur un jour, un joueur toujours – avec ou sans argent, et il y a beaucoup plus d'argent dedans qu'avant.

Freeland Moore revint, annonça qu'une boîte avait été réservée et, disant à Miss Wainwright qu'il était temps de partir, il l'aida à enfiler son manteau de duvet de cygne et de velours.

«Je viendrai vous appeler si je peux», dit Miss Wainwright en agitant sa proue, et, avec un magnifique réglage de toutes ses voiles, elle s'éloigna de la table et, prenant le vent d'approbation de son auditoire, le d'autres convives, elle s'est frayée un chemin vers la sortie.

'Pouf ! Pah ! Pah !» dit Charles en secouant sa crinière. 'Pouf ! La puanteur de la peinture verte.

"Je suis sûre qu'elle est la femme la plus gentille du monde."

— Ils le sont tous aussi, grogna Charles, ruisselant de bonté ou brûlant de jalousie... La femme de théâtre ! — C'est une indécence moderne.

"Et supposons que j'en devienne un."

« Vous ne pouviez pas. »

"Mais je vais le faire."

« Vous ne supporteriez jamais cela pendant une semaine, ma chère. Je l'ai fait ...'

'Que feriez-vous?'

"Je l'interdirais."

"Alors je ne devrais pas rester avec toi... Tu le sais."

Charles le savait. Il avait appris douloureusement que, même si elle avait un certain respect pour son opinion, elle n'en avait aucun pour son autorité.

Il prit encore du café, des liqueurs, des fruits, un cigare, donna un pourboire au serveur qui le fit courir chercher le pardessus du noble convive, et, hélant un taxi, ils parcoururent les quelques centaines de mètres jusqu'à l'Imperium, où il grogna, grogna, » marmonna-t-il, passa ses mains dans ses cheveux, et elle resta assise, les yeux rivés sur la scène, et ses sourcils froncés alors que la version ennuyeuse et illettrée du roman de Scott, dépouillée de toute qualité dramatique, défilait devant elle. Entre-temps, Charles lui demanda ce qu'elle en pensait.

«C'est la mort», dit-elle. «Ce n'est rien d'autre que de l'argent.»

« De l'argent », répéta Charles. « L'argent... L'argent de qui ? ...' Et il ressentit soudain à nouveau ce splendide sentiment de confiance. Avec sa *Tempête*, tout l'argent de cet endroit devrait entretenir la beauté, et toute chose laide, toute pensée laide devrait disparaître. Il toucha les cheveux de Clara et, pour la première fois, à sa grande inquiétude, il se rendit compte qu'elle était quelque chose de plus qu'une enfant amusante et charmante, et qu'il l'avait épousée.

Il baissa les yeux sur les étals et se demanda si derrière les chemises blanches et les seins nus se cachaient aussi des pensées anxieuses et des émotions inquiètes, et si tout le monde avait des problèmes qui se cachaient dans le passé et pourraient courir devant eux pour les rencontrer. eux dans le futur.... Puis il s'est moqué de lui-même. Après tout, quoi qu'il arrive, sa renommée grandit et il resta Charles Mann.

IV

DANS LES COULISSES

Miss Julia Wainwright était peut-être sentimentale et jalouse, mais elle était astucieuse et comprenait intuitivement la relation entre Charles et Clara. Au début, elle refusa de croire qu'ils étaient mariés, car Charles était notoirement insouciant en la matière, mais lorsqu'elle fut confrontée au fait, son cœur chaleureux l'avertit d'une tragédie et elle prit sur elle d'informer Clara des mystérieuses difficultés du mariage. la vie, surtout pour deux personnes sensibles.

"Charles veut une femme stupide et tu veux un homme stupide", dit-elle.

Clara, bien sûr, refusait de croire cela et affirmait qu'avec une femme stupide, Charles pourrirait dans un studio et deviendrait de plus en plus inintelligible.

« Alors, peu importe, dit Miss Wainwright. «Je vais vous faire visiter. Si vous êtes destiné au théâtre, rien ne peut vous en éloigner. La seule chose que je vois contre toi, c'est que tu es une dame.

« Est-ce contre moi ? demanda Clara, un peu étonnée.

"Eh bien," répondit Miss Wainwright, "nous sommes différents."

En effet, Clara a très vite découvert que les acteurs et les actrices étaient différents des autres, car ils ne cachaient rien. Leurs personnalités étaient entièrement visibles et exposées à la vente. Ils n'ont rien réservé. Tels qu'ils étaient, ils étaient destinés au théâtre et n'avaient d'autre but que d'être déplacés à tout moment de théâtre en théâtre, de ville en ville, de pays en pays. Ils étaient rafraîchissants dans leur franche simplicité, en comparaison de laquelle la vie avec Charles était oppressante dans sa complexité.

Tandis qu'elle les observait, Clara fut déchirée pendant un moment et hésitait à franchir le pas, et pourtant elle savait que c'était le monde auquel Charles appartenait, ce monde de contrastes violents, de lumière vive et d'obscurité sombre, de peintures peintes. l'illusion et la réalité palpitante du public, des journées oisives et des nuits fiévreuses. Son esprit en était trempé, et son âme, tout sauf cette partie obscure qui se réjouissait des fleurs et de sa propre jeunesse, en avait faim, et pourtant il semblait qu'elle devait l'y forcer... Si seulement il avait un peu plus de volonté, un peu plus d'intelligence.

Souvent, elle se surprenait à le considérer comme « le pauvre Charles », puis elle serrait les dents, secouait ses cheveux et jurait que personne ne devrait jamais la considérer comme « la pauvre Clara ». ... La vie avait été si facile quand ils avaient dérivé ensemble de studio en studio, mais elle menaçait d'être très difficile maintenant qu'ils s'étaient affrontés à la vie et à cet immense Londres....

Ivanhoe a titubé pendant six semaines, puis s'est effondré, et un vieux mélodrame à succès a été relancé pour porter l'Imperium au cours des premiers mois de l'été. Dans cette production, en tant que protégée de Miss Wainwright, Clara jouait un petit rôle dans lequel elle avait dix mots à dire... Elle était tout à fait inaudible même si elle semblait utiliser chaque atome de voix de son jeune corps mince, mais sa voix semblait toujours remplir sa propre tête jusqu'à ce qu'elle doive sûrement éclater.

« Nerfs », a déclaré Miss Wainwright. « Vous maîtriserez parfaitement votre technique et vous ne vous entendrez plus parler que lorsque vous parlez dans une pièce. C'est juste une question de se perdre, et c'est ce que l'on apprend à faire inconsciemment... Tout ira bien, ma chérie. Tout ira bien.

Clara était déterminée à ce que tout se passe bien, même si elle savait que cela n'arriverait pas tant qu'elle n'aurait pas surmonté sa répugnance à se peindre le visage, à dessiner ses yeux au crayon et à tamponner de peinture rouge dans les coins de ceux-ci. Au début, elle détestait tellement cela que sa personnalité répudiait cette fausse projection d'elle-même et la laissait impuissante. Elle se répétait sans cesse :

« Je ne serai jamais actrice. Je ne serai jamais actrice...' Mais là encore, elle dit : 'Je le ferai.'

Il y avait une violence à apparaître sous la lumière éblouissante devant tant de monde qui l'offensait profondément, et pourtant elle savait qu'elle avait tort de s'offusquer, car les gens étaient venus non pas pour la regarder, Clara Day, mais pour la fausse projection. de Clara Day qui était nécessaire pour la pièce... Son objection était morale et si forte qu'elle la rendait vraiment malade, et c'était avec les plus grandes difficultés qu'elle pouvait continuer, mais elle ne dit pas un mot. à une âme. Elle luttait contre cela les dents serrées, traversant l'agonie nuit après nuit, souriant quand c'était fini, rentrant chez elle épuisée et redoutant l'arrivée du lendemain où il faudrait tout supporter de nouveau...

Elle regardait les autres et se demandait s'ils avaient vécu la même chose, mais il était clair à ses yeux clairs qu'ils avaient presque tous accepté sans lutte et s'étaient livrés à la fausse projection d'eux-mêmes dont le théâtre avait besoin. Ils connaissaient le trac, mais pas cette lutte morale dans laquelle, bien décidée à ne pas se laisser vaincre, elle se battait.

Des répétitions qu'elle appréciait. Ensuite, les acteurs étaient au meilleur de leur paresse, et la scène à moitié éclairée était pleine d'une beauté sombre et suggestive, qui avait entièrement disparu lorsque le peintre de scène, l'homme de lumière et le menuisier de scène avaient terminé leur travail. . Souvent, lors des répétitions, les mots lui donnaient le choc de la vérité qui, lors de la représentation, la déconcertait par leur banalité ; les voix semblent provenir d'un recoin reculé de la vie ; les mouvements prendraient de la dignité ; les acteurs semblaient en effet bouger et vivre dans un monde enchanté... Et c'est ce qu'ils firent en dehors de la scène.

Miss Wainwright et M. Freeland Moore, qui avaient joué ensemble pendant tant d'années, étaient des amants idylliques, bien qu'il ait eu une femme en Amérique, et elle un mari qui avait suivi son chemin. Pour eux, il n'y avait pas d'autres étapes de l'amour que celles qui sont montrées au public anglo-américain. Pour eux, il n'y avait que Roméo et Juliette au bal, sans maisons rivales pour les tourmenter. Ils vivaient dans des appartements meublés et payaient leur vie, imperméables à toute conspiration de la vie pour les ramener sur terre... Tous deux adoraient Clara, tous deux l'acceptèrent bientôt, ainsi que Charles, comme des amants encore plus parfaits qu'eux, car plus jeunes, et tous deux étaient Je ne me lassais jamais de penser à la gentillesse qu'ils pourraient ensuite faire pour aider leurs amis.

Et Clara a continué à lutter. Parfois, elle aurait pu crier de rage contre le théâtre et contre ces gens dont l'enchantement avait été gagné par le sacrifice de leur essence ardente, de sorte qu'ils acceptaient les insultes dociles du directeur, du metteur en scène, de la salle même de l'habillage. personnel de salle du théâtre, qui pourrait leur rendre la vie inconfortable. Elle comprit alors ce qui avait chassé Charles et le rendait si réticent à revenir, et pourquoi son immense talent, qui aurait dû s'exprimer en termes de théâtre, en était réduit à faire ce qui, après tout, n'était que des notes sur le théâtre. papier. Convaincue qu'elle pouvait contribuer à le ramener d'exil, elle lutta, même si la tension augmenta à mesure qu'elle dut opposer de plus en plus violemment sa volonté à la puissante machinerie du théâtre.

Tout le monde était gentil avec elle, même si beaucoup étaient alarmés par la force d'intention avec laquelle elle se mettait à son travail. Bien souvent, elle n'avait plus d'énergie pour la conversation et se réfugiait alors dans un livre, un volume de Meredith, ou de Bernard Shaw, Schopenhauer ou Browning, qui avait été le poète de sa première découverte du monde des livres. Cela effraya les jeunes gens, qui furent d'abord très séduits par son charme. Ils étaient eux-mêmes maîtrisés comme tout le monde, depuis le chef d'entreprise jusqu'au chef d'entreprise, mais son silence les glaçait et les alarmait... Hormis ceux qu'elle achetait elle-même, elle n'a jamais vu de livre au théâtre.

Au début, pleine de la dénonciation farouche de Charles à l'égard de Sir Henry Butcher, elle détestait cet homme, qui lui semblait comme un monstre qui absorbait toute la vitalité des autres et s'en servait pour gonfler son égoïsme. Il ne lui adressa plus la parole depuis quelques semaines, et elle évita de le rencontrer, ne souhaita pas lui parler, sentit même qu'elle l'utilisait peut-être un peu injustement en tournant son théâtre à ses propres fins, en se forçant à l'accepter. afin de faciliter les choses pour Charles, à qui elle avait l'habitude de se rendre avec une caricature très vivante de Sir Henry lors des répétitions.

Jusqu'à son apparition, la langueur était totale sur la scène. Les acteurs et les actrices avaient encore sur eux l'ambiance du petit-déjeuner au lit ; certains semblaient vivre avant-hier et avaient abandonné tout espoir de rattraper le reste du monde ; certains hommes parlaient de sport ; toutes les femmes bavardaient au scandale ; les uns lisaient leurs lettres, les autres les télégrammes par lesquels se déroulait leur correspondance. Dans aucun d'entre eux il n'y avait le moindre signe de préparation au travail, car les pensées de tous étaient visiblement à des kilomètres du théâtre... Les machinistes bougeaient bruyamment. Eux, au moins, avaient conscience de gagner leur vie. Des messages arrivaient de la porte de la scène. Les toiles de fond étaient baissées : le rideau coupe-feu descendait lentement et restait obstruant les espaces vastes et sombres de la salle, également une mélancolique dame aux cheveux gris, veuve de l'auteur du mélodrame en répétition.

Sir Henry apparut avec un Français chauve, avec un ruban rouge à la boutonnière, son secrétaire, portant un carnet de sténographie, et un gros juif trapu, qui attendait obséquieusement que le grand acteur fasse davantage attention à lui. . Sir Henry parlait avec volubilité et riait aux éclats. Il était très heureux et rayonnait sur la scène de sa compagnie. Les dames dirent :

« Bonjour, Sir Henry. »

Les messieurs dirent :

'Matin.'

Sir Henry, gesticulant violemment, se détourna et commença en français à raconter une histoire humoristique à laquelle le Français dit : « *Oui , oui* », et le juif dit : « *Oui , oui* », tandis que Clara, qui parlait français aussi couramment que l'anglais, n'en comprit pas un mot ; mais ce matin, elle aimait Sir Henry parce qu'il était si heureux et parce qu'il était si plein de vitalité.

Ses affaires avec le Juif et le Français furent bientôt réglées équitablement à leur satisfaction. Ils s'éloignèrent et Sir Henry commença à rassembler ses pensées. Il se tourna vers sa secrétaire et lui demanda :

« Nous répétons une pièce, hein ? Tous ces dames et messieurs ne sont pas là pour rien, hein ? Quelle pièce ?

' *Le Faucon doré* .'

'Ah! Oui... J'ai répété tellement de pièces... Je pense à mon grand succès d'automne... Je le sens dans l'air. Je peux toujours le sentir. Je sentais qu'Ivanhoe *n'était* pas bon, mais j'étais trop persuadé. Mon instinct a toujours raison. Les hommes d'affaires et les auteurs ont toujours tort....'

Il entra dans une soudaine colère et rugit : « Qui diable a laissé tomber le coupe-feu ? Je déteste ce truc. Emportez-le. Comment un homme peut-il répéter devant un rideau ignifuge ? Emportez-le. Envoyez-le au conseil du comté de Londres qui me l'a infligé. Je n'en veux pas.

Le régisseur cria à un homme dans les mouches :

« À l'épreuve du feu. »

"Je ne l'ai jamais laissé tomber", dit une voix.

« Qui l'a fait alors ?

Le régisseur s'approcha de Clara et appuya sur un bouton. Le lourd rideau ignifuge se souleva lentement pour révéler la veuve de l'auteur assise patiemment avec le théâtre sombre et vide pour arrière-plan.

Qui est cette dame ? demanda sir Henry.

— La veuve de l'auteur, répondit le secrétaire.

«J'avais peur que ce soit son fantôme», dit Sir Henry avec son rire malicieux. Il s'approcha d'elle et lui causa quelques instants de son défunt mari, qui avait été une figure marquante de son temps et qui avait fait carrière dans le trafic de pièces françaises adaptées pour le théâtre britannique.

Une scène ou deux ont été répétées, lorsqu'un artiste est arrivé avec un modèle pour un « décor » pour *The School for Scandal* . La compagnie se rassemblait et admirait, tandis que Sir Henry s'asseyait et jouait avec, essayant divers effets de lumière avec une torche électrique.

« Non, dit-il, on ne peut pas obtenir avec la lumière électrique les effets qu'on pouvait obtenir avec le gaz... Donnez-moi du gaz. Le théâtre n'a jamais été le même. Cette lumière électrique est froide. Cela tue le théâtre.

Une fois l'artiste parti, un journaliste arriva pour une interview, qui fut accordée à condition qu'un article de Sir Henry sur le public britannique soit imprimé, et pendant le reste de la matinée, le secrétaire fut occupé à prendre des notes pour l'article.

Pour Clara, ce fut une matinée très délicieuse. Sa propre scène n'était pas atteinte, et elle s'assit joyeusement dans un coin près de l'avant-scène, feuilletant les pages de son livre, regardant les pitreries de Sir Henry, appréciant l'habileté avec laquelle, malgré toutes ses digressions, il maintenait les choses vivantes et gérait pour obtenir le travail qu'il voulait de son entreprise....

Alors que les joueurs se dispersaient, il se tenait au milieu de la scène et soupirait profondément. Clara était d'accord pour s'enfuir, quand il s'approcha d'elle, la saisit par le bras et lui dit de sa voix grave et roulante :

« Ne pars pas, petite fille. N'y allez pas.

«Mais je veux y aller», répondit-elle. « Et je ne suis pas une petite fille. Je suis une femme mariée.

'Ah! le mariage nous rend tous si vieux, dit Sir Henry avec un soupir galant… Vous êtes la petite fille qui lit des livres, n'est-ce pas ? J'ai entendu parler de toi. J'ai écrit un livre ou deux, mais je ne les ai jamais lus. J'ai pas mal de livres en haut dans ma chambre, donnés par les auteurs... Vous ne viendrez pas déjeuner ? Je sens que je pourrais te parler.

Il avait brusquement abandonné ses manières, son affectation de penser à mille et une choses à la fois, et c'était une personne simple et très charmante, sans âge, ni position, ni époque particulière, juste un être humain qui voulait être un peu à sa place. son aisance. Il prit Clara par le bras et, malgré les regards fixes de ceux qu'ils croisaient dans les couloirs, l'entraîna jusqu'à la pièce que Charles avait comparée à un aquarium. Puis il la fit asseoir dans le fauteuil le plus confortable, tandis qu'il en enjambait un autre à quelques mètres de là, et la regardait avec ses yeux extraordinaires, qui n'avaient jamais une mais toujours l'idée de cent expressions différentes.

«J'adore ma chambre», dit-il, «c'est le seul endroit que j'ai au monde. Tu n'aimes pas ça ?

«C'est très calme», dit Clara.

Sir Henry sonna et ordonna qu'on apporte le déjeuner, vol-au-vents, poulet froid, crème caramel, champagne.

« Vous n'êtes pas assez vieux pour comprendre la nourriture », dit-il. "Cela vient avec le début de la sagesse."

— Mais je comprends très bien la nourriture, protesta Clara, mon grand-père savait tout sur ce sujet.

'Ah! Vous êtes habitué aux vieillards, hein ? Les garçons n'existent pas pour toi, hein ?

Avec un enthousiasme extraordinaire, il a réalisé un album de photos et lui a montré des portraits de lui-même à différents âges, mince et romantique à vingt ans, à quarante ans avec un Byronic impressionnant, à cinquante ans avec un succès monumental – et « aujourd'hui ». Il lui montra des portraits de sa mère et de son père, de sa femme, de ses enfants, de Miss Teresa Chesney dans ses pièces, de ses diverses dames de premier plan, de ses sœurs qui avaient toutes deux épousé de nobles seigneurs, et d'un grand nombre d'acteurs et d'actrices qui avaient passé par là. sa compagnie. Il en parlait avec une connaissance et un enthousiasme réels. Il adorait jouer pour le plaisir et, pendant qu'il parlait, il présentait vivement tous ces interprètes devant les yeux de Clara pour qu'elle doive accepter la validité de ses critiques : il savait, ou semblait savoir, exactement ce que chacun pouvait ou ne pouvait pas faire, même si il était difficile de comprendre comment il avait pu trouver le temps de tous les voir. Qu'il l'ait fait ou non, il avait exactement pesé la valeur de leurs personnalités théâtrales, et c'était à celles-là et à elles seules qu'il s'intéressait. En tant qu'êtres humains, il leur était indifférent, même s'il parlait d'eux tous avec l' affection exagérée commune au théâtre : « cher vieux Arthur »… « adorable Lily »… « délicieuse Irène ». Ah ! c'est une bonne femme. Il parlait rhapsodiquement, et son discours rappelait plutôt à Clara la musique de Liszt, jusqu'à ce que le déjeuner arrive, et alors son plaisir gourmand pour la nourriture lui fit penser à certains musiciens gloutons qu'elle avait connus en Allemagne. Il mangeait rapidement et ses yeux brillaient de satisfaction sur elle, si jeune, si fraîche, si inhabituelle et si stimulante… Elle ne voulait ni manger ni boire, tellement elle était absorbée par cet homme étrange qui lui imposait si massivement sa personnalité. jusqu'à ce qu'elle sente qu'elle faisait simplement partie du mobilier de la pièce.

Quand il eut fini de manger et de boire, il alluma un cigare, s'allongea dans son grand fauteuil et ferma les yeux dans la distension extatique de son excès. Après un grognement ou deux, il se tourna brusquement et demanda avec une étrange intensité :

« Charles Mann, est-ce un génie ?

"Bien sûr", répondit Clara.

« Alors pourquoi parle-t-il autant ?

'Il travaille très dur.'

« Hmm ! »

« Vous ne pouvez pas vous attendre à ce que je discute de lui. »

'Non non. Je pense seulement que c'est dommage qu'il ait renoncé à jouer. Il a perdu le contact avec le public… J'ai essayé par intervalles ; abandonner le métier d'acteur, je veux dire. Le public perd tout intérêt et aucune publicité ne pourra le récupérer.

« C'est à l'artiste de commander le public », dit Clara, se sentant assez mal à l'aise de n'être qu'un écho. C'était une chose très curieuse que les mots dans cette pièce perdent la moitié de leur sens, et elle, qui avait l'habitude de donner à tous ses mots leur valeur précise, était plutôt désemparée.

« Petite fille, dit Sir Henry, je sens que vous me comprenez. C'est rare. Après tout, nous, les acteurs, sommes humains. Nous sommes gouvernés par le cœur dans un monde qui est renversé.

Il sortit un petit livre et nota cette dernière observation. Puis, avec un soupir, il se pencha et prit les mains de Clara, regarda longuement ses grands yeux noirs et dit :

"Avec une telle pureté, vous pourriez surpasser les anges."

En réponse, Clara l'a surpassé, et il a laissé tomber ses mains et s'est mis à fredonner. 'Opéra!' il a dit. « Je sens l'opéra dans l'air ; la musique envahit le théâtre, élève l'âme des gens... Ah ! la vie n'est pas assez longue....'

Clara commença à se sentir désolé pour lui même si elle savait dans son cœur que c'était précisément ce qu'il voulait.

« Vous ne devez pas être en colère, gronda-t-il dans sa basse la plus grave, si je vous dis qu'il faudrait tordre le cou à Charles Mann.

— Mais... tu vas faire sa *Tempête* ?

« Sans vous, petite fille, je ne l'aurais pas près du théâtre », dit Sir Henry avec une chaleur soudaine.

« Comment oses-tu parler comme ça ? Clara était toute en feu. "C'est un honneur pour vous d'être associé à lui."

Sir Henry rit.

«Nous connaissons notre Charles», dit-il. « Nous connaissions son père. Nous ne sommes pas tous aussi jeunes que vous.

Clara cachait son inquiétude, mais c'était comme si le sol s'était soudainement ouvert et l'avait engloutie, comme si le Londres autour duquel elle planait avec une excitation ravie l'avait engloutie. Et puis elle sentit qu'elle échouait à Charles.

« Je ne te permettrai pas de parler comme ça. Je ne laisserai pas du tout Charles faire *La Tempête* , *si tu parles comme ça.* C'est un très grand génie, et c'est votre devoir de faire voir son œuvre au public. Il est honteux que toute sa vie on ait parlé de lui et ne l'ait jamais aidé à atteindre sa position naturelle. Il a été exilé et, sans moi, il le serait toujours.

« Mais pour vous, répéta Sir Henry... Voudriez-vous jouer Miranda ? Une Miranda parfaite, mais où est Ferdinand ?

Clara s'alarmait à cette perspective. Elle avait lu *La Tempête* avec son grand-père et en connaissait par cœur de longs passages. Sa beauté était dans son sang, et elle ne pouvait pas la concilier avec ce théâtre de Sir Henry Butcher.

Assise avec lui au cœur de tout cela, elle se sentait piégée et comme si tous ses rêves et ses objectifs avaient été effacés. Jamais auparavant elle n'avait soupçonné que sa liberté pouvait s'éteindre ; jamais auparavant elle n'avait eu l'impression que sa volonté pourrait se briser et la laisser à la merci des circonstances. Elle s'accrochait désespérément à sa loyauté envers Charles, et elle rassemblait toute sa volonté pour découvrir que cela l'obligeait à le considérer, à le peser et à le mesurer comme un homme... Lui et elle n'étaient plus des exilés, errant sans entraves dans le monde. des terres étranges, mais ici à Londres parmi leur propre peuple, confrontés à leur responsabilité envers le monde extérieur à eux et les uns envers les autres. Elle était prête à l'accepter, mais l'était-il ?

V

L'AUTRE FEMME

Clara se souvenait à peine d'avoir jamais été malheureuse auparavant. Toute sa vie, elle avait fait exactement ce qu'elle souhaitait faire. Son grand-père ne l'avait jamais contredite : il lui avait toujours cédé à tous ses caprices et l'avait soutenue même lorsqu'elle avait l'air d'avoir tort en apparence. Il avait l'habitude de dire, à sa manière fantaisiste, que les explosions ne faisaient jamais de mal à personne. chez l'acteur-gérant. Quelle en était l'occasion ? Elle ne pouvait pas deviner. Il lui paraissait incroyable qu'on pût s'opposer à Charles, si bon, si travailleur, si simple dans son travail et dans sa confiance en lui-même. On se moquait parfois de lui avec indulgence, mais c'était bien différent de cette hostilité, de cette condamnation froide et implacable. Cela la dépassait, car elle avait été élevée dans une école de tolérance absolue, sauf envers les gens vulgaires et mal élevés.

Son esprit vif a travaillé sur cette nouvelle situation. Elle devinait que Sir Henry n'aimait pas l'intrusion d'une personnalité aussi puissante que la sienne et le frein à son habitude de faire preuve de patronage. Son théâtre avait toujours été animé de sa propre vitalité, et il était visiblement mécontent d'une position dans laquelle il devait employer celle d'un autre et l'admettre ouvertement.

« Il veut prendre soin de Charles », pensa Clara, puis elle décida que pour une fois, d'une certaine manière, ce serait une bonne chose que Charles s'y soumette. Ce doit être soit cela, soit la procédure interminable qu'il aura choisie en comité.

Elle décida de faire une promenade pour réfléchir, et tandis qu'elle longeait Piccadilly en direction de Green Park, où elle proposait de réfléchir à son problème, elle eut la pénible idée qu'elle était suivie. Plusieurs fois, elle s'est retournée et s'est arrêtée, mais elle n'a vu personne qui pourrait la poursuivre. Les hommes la regardaient, mais aucun n'osait agresser une jeune femme aussi déterminée... Elle resta quelque temps dans le Green Park, se demandant sans cesse comment elle pourrait intéresser au mieux Sir Henry sans aggraver son hostilité envers Charles. et elle était toujours consciente des regards fixés sur elle... Elle s'éloigna très vite, mais alors qu'elle tournait sur la route devant le palais de Buckingham, elle se tourna, s'arrêta et fut abordée par une petite femme brune avec une fureur lancinante . ses yeux.

« Êtes-vous Mme Mann ? » dit la femme.

— Oui, dit Clara aussitôt sur ses gardes.

«Moi aussi», répondit l'autre femme.

'Oh non!' dit Clara avec un sourire qui cachait à peine le pincement de son cœur.

«Oh, oui», répondit l'autre femme. «Je devrais penser que j'étais mariée avec lui avant ta naissance. Et je n'étais pas le seul. Il a quitté le pays… »

Clara tourna les talons et s'éloigna. L'autre femme la suivit, respirant lourdement et haletant.

« Espèce d'horrible femme », s'écria Clara, n'en pouvant enfin plus. 'Va-t'en…' Et dans son cœur elle dit :

'C'est de ma faute. Je l'ai obligé à m'épouser.

L'autre femme était toujours à ses trousses, bavardant et haletant sa sordide petite tragédie : deux enfants, pas d'argent, sa mère à garder.

Clara était abasourdie et tellement nauséeuse qu'elle ne pouvait pas parler. Seulement, dans son esprit, la pensée tournait en rond :

"C'est ma faute... C'est ma faute."

Mais Charles aurait dû le lui dire. Il n'aurait pas dû être si dénué de volonté, si prêt à se plier à toutes les suggestions qu'elle lui faisait.

«Je dois sortir ça immédiatement», dit-elle, et appelant un taxi, elle y fit monter l'autre femme et rentra chez elle. Charles était sorti. Elle commanda du thé et raconta rapidement toute l'histoire : le logement à Birmingham, l'intrigue, l'ultimatum, l'effondrement catastrophique et l'inertie de Charles, les années de pauvreté à Londres allant de studio en studio, de logement en logement : sa fuite - avec une autre femme. : ses combats, son existence actuelle au corps à corps aux abords de la comédie musicale.

«Je n'aurais pas parlé», dit Kitty, «si tu n'avais pas été si jeune.»

— J'aurais dû penser que c'était une raison pour me taire, répondit Clara, presque figée d'horreur.

« Vous deviez forcément l'entendre tôt ou tard.

Charles entra suivi de M. Clott. Il était de très bonne humeur et cria :

« Chéri, Lord Verschoyle est intéressé. »

Sa mâchoire tomba lorsqu'il vit Kitty là, en train de prendre le thé. Son pince-nez tomba de son nez et il resta là à tirer sur sa cravate pendant quelques secondes. Puis il donna à M. Clott une commande à exécuter et resta là à regarder avec horreur, dégoût et dégoût la malheureuse Kitty... Ce fut Clara qui trouva la première sa voix :

«Je… je l'ai amenée ici, Charles», dit-elle. « Je pensais que cela nous éviterait à tous des ennuis.

D'un ton glacial de fureur, il dit :

« Si vous partez tranquillement, je vous écrirai. Veuillez laisser votre adresse et je vous écrirai.

Kitty espéra un instant qu'il parlait à Clara, mais sa fureur était si visiblement concentrée sur elle qu'elle finit par se lever et dit docilement :

« Oui, Charles. »

« Vous trouverez un écritoire près du téléphone dans le hall. Veuillez y laisser votre adresse.

« Oui, Charles. »

Sur ce, elle quitta la pièce. Charles et Clara étaient trop pour elle. Tout son venin s'écoula dans un mince filet d'effroi alors qu'elle sentait la rage monter en eux deux. En même temps, elle éprouvait une certaine exultation d'avoir provoqué une tempête bien au-delà de ses propres capacités.

«Vous ne me l'avez pas dit », dit Clara lorsque Kitty fut partie.

"Honnêtement, honnêtement, j'avais oublié."

'Oublié! Tu ne me l'as pas dit. Vous n'aviez pas besoin qu'elle vienne dans cette maison pour vous en souvenir.

'Non.'

« Que veux-tu dire, alors ? Vous aviez oublié ?

"Honnêtement, je n'y avais jamais pensé jusqu'au jour où je l'ai rencontrée dans la rue."

« Est-ce que tout le monde le sait ?

'Oui. Je ne cache pas ces choses.

'Vous me l'avez caché, à moi, à moi...'

'Oui. Je n'y ai jamais pensé. Elle avait disparu de ma vie il y a des années.

« Est-ce que beaucoup de femmes ont disparu de votre vie ?

Il rougit.

« Un bon nombre... Je n'ai jamais eu l'intention de le cacher. Vraiment, je ne l'ai pas fait. Je ne l'ai tout simplement pas mentionné... Tu étais si heureuse, poulet ; Moi aussi. Je n'avais jamais été heureux auparavant, pas comme ça.

« Elle peut nous ruiner… Le savez-vous ? Elle n'a qu'à s'approcher du policier le plus proche et à nous ruiner. Sais-tu cela?'

"Elle ne le fera pas... Elle n'oserait jamais."

« Elle le ferait… Je suis jeune. C'est ça, l'impardonnable chez une femme...'

— Je ne comprends pas, dit Charles en s'asseyant brusquement. Et visiblement, il ne comprenait pas que quiconque, homme ou femme, puisse délibérément blesser autrui.

«Mais tu *dois* comprendre», cria-t-elle. "Vous devez comprendre... Vous devez vous protéger."

'Comment puis-je?'

« C'est ta femme. Vous devez lui donner ce qu'elle veut.

'Argent? Oh oui.'

« Espèce d'imbécile, dit Clara exaspérée, tu m'as épousée. Si elle bouge, vous serez ruiné. Vous serez envoyé en prison.

« Voulez-vous vous en sortir ? » Il a demandé.

'JE? Non... Je veux te protéger... Oh, c'est ma faute. C'est ma faute si je pensais pouvoir t'aider. Je pensais que je pouvais t'aider... J'aurais pu t'aider si seulement tu me l'avais dit... Tu devais le savoir. Vous ne pouviez pas imaginer que vous puissiez revenir à Londres et ne pas être... »

«Mais je l'ai fait», dit-il. «Je n'y ai jamais pensé. Je ne pense jamais à rien sauf à mon travail... Je dirai à Clott d'y veiller.

Clara serra les poings jusqu'à ce que ses ongles s'enfoncent dans la paume de ses mains.

«Je vais devoir vous quitter», dit-elle enfin. «Je vais devoir vous quitter.»

Elle a retiré son alliance

« Peut-être que je ferais mieux de m'en aller, » marmonna-t-il enfin très lentement. 'C'est dommage. Tout allait si bien. Lord Verschoyle est profondément intéressé. Il en a deux cent mille par an.

Clara se moqua de lui.

"Il est prêt à siéger à mon comité."

'Sait-il?'

'Non.'

"Mais ne voyez-vous pas que ces gens devraient le savoir."

'Non. Qu'est-ce que cela a à voir avec mon travail ?

« Pour toi, rien. Pour eux tout. Ils ne peuvent pas vous soutenir s'ils savent...'

"Mais ils ne le savent pas."

« Vous êtes entre les mains de cette femme. Moi aussi. Vous ne pouvez pas vous attendre à ce que je vive grâce à sa sanction.

C'était un aspect nouveau de l'affaire pour Charles, qui n'avait jamais admis le droit d'autrui de s'immiscer dans ses affaires. Cela le blessa terriblement lorsqu'il comprit peu à peu que la misérable Kitty avait derrière elle toute la force de la loi.

« Oh, bon Dieu ! » il a dit. «Je suis un criminel. Oh, bon Dieu ! C'est sérieux.'

"Je suis heureuse que tu t'en rendes enfin compte", dit-elle.

Il s'effondra, pleura et commença à raconter toute l'histoire ridicule de sa vie ; sa perpétuelle déception : sa terreur d'être lié à autre chose qu'au travail dans lequel il se sentait si libre, si entièrement maître de lui-même et de son destin ; sa joie de trouver enfin en elle une véritable compagne qui, contrairement à toutes les autres femmes, lui permettait d'être quelque chose de plus que sa possession.

« J'ai peur, finit-il par dire, de n'avoir jamais compris les femmes.

'Laisse le moi.' La pauvre Clara avait l'impression que si elle essayait d'expliquer davantage, sa tête allait éclater.

Il la regarda avec reconnaissance et fut aussitôt à nouveau heureux.

«C'était ma faute», dit Clara. «Cela ne serait pas arrivé si j'avais pensé à la vie. Mais c'était tellement merveilleux d'être avec vous et de donner vie à votre travail que je n'ai jamais pensé au reste... Je ne l'ai jamais regardé du point de vue de la femme, comme, étant une femme, j'aurais dû le faire. … Je pense que le choc a fait de moi une femme… Je ne pense pas que quoi que ce soit puisse jamais faire de toi un homme.

Charles la regarda bouche bée, mais n'était pas le moins du monde blessé. Il ne voulait pas particulièrement être un homme au sens où l'on entend généralement la virilité.

« Oui, dit-il, Lord Verschoyle est profondément intéressé et il en a deux cent mille par an.

« Attendez un instant, répondit Clara, je vais aller voir si elle a laissé son adresse.

Elle a couru en bas, mais Kitty n'avait laissé aucune adresse. Clara, en réfléchissant à la question, décida que cela signifiait soit qu'elle avait l'intention de semer le trouble, soit qu'elle avait de bonnes raisons d'attendre avant de le faire.

À son retour, Charles était comme un amoureux dans sa gratitude, mais elle le repoussa, lui dit qu'il devait poursuivre ses projets pour *La Tempête* et qu'elle verrait ce qui pouvait être fait pour ses problèmes. Pour le moment, pour un petit moment en tout cas, elle lui proposa de le quitter et de rester avec Julia Wainwright.

«Je devrais peut-être lui dire » , dit-elle, «mais je ne pense pas… Je ne laisserai pas cette femme te ruiner, Charles.»

« Je t'ai fait bien plus de mal qu'à elle, » dit-il misérablement. «Je suppose que les choses ne seront plus jamais les mêmes. Vous aurez toujours l'impression que je vous cache des choses....'

'Non. Non, je sais que c'est tout ce qui compte... C'est juste la loi qui est en quelque sorte erronée, donnant un avantage à quiconque est assez méchant pour l'accepter... Mais les femmes *sont* méchantes.

'Pas toi.'

'Non. Je te comprends, Charles, mais je suis tellement blessé. Je suis tellement fatigué que je ne pense pas pouvoir supporter davantage.

«Je ferai tout ce que tu veux.»

— Alors laissez-moi faire... L'essentiel, c'est votre travail, Charles. C'est vous tous qui compte.

C'était entièrement l'opinion de Charles sur lui-même et, comme il ne pouvait pas encore le voir, l'effet de l'intrusion de Kitty sur la courageuse jeune fille qui avait si puérilement accepté son enfantillage qu'il était imperturbable et libre de toute anxiété . sa nouvelle carrière à Londres avait été un succès triomphal, et il lui semblait incroyable qu'elle pût être stoppée par une bagatelle comme une épouse oubliée. Il pensa à l'argent qui devrait provenir de l'Imperium : l'argent signifiait le pouvoir, le pouvoir signifiait la suppression de tous les obstacles désagréables sur son chemin. Il s'est léché les lèvres... L'Angleterre comprenait l'argent et rien d'autre. Il parlait à l'Angleterre dans sa propre langue et, lorsqu'il avait attiré son attention, il parlait dans sa propre langue... Les choses se passaient si bien : un homme comme lui n'allait pas être bouleversé par des bagatelles. Il avait travaillé si longtemps en exil : il pourrait sûrement, sûrement, récolter sa récompense.

Clara, quant à elle, était choquée presque depuis sa jeunesse. Elle n'a pas pleuré. Il n'y avait pas de larmes dans ses yeux dans lesquels se formait lentement une expression féroce de douleur passionnée. L'éclat de la jeunesse était sur ses joues, sur ses lèvres, dans tous ses traits encore informes, mais dans ses yeux apparut soudain le savoir des années, concentré, tyrannique, et entre ce savoir et sa volonté s'établit un conflit impitoyable. dont elle ne trouvait de soulagement que dans une nouvelle gaieté et un amour du plaisir.

Il était impossible d'en discuter davantage avec Charles, et sans lui dire un mot, elle partit pour l'appartement de Miss Wainwright. Cette bonne créature l'accueillit sans un mot, sans même une muette curiosité. Les problèmes des gens étaient leur propre affaire, et elle savait qu'ils devaient être seuls avec eux. Elle a donné à Clara sa chambre et s'est absentée autant que possible, tout en gardant Freeland à l'écart.

L'appartement était luxueusement mais monstrueusement meublé. Sa laideur franche et opulente soulageait la jeune fille après l'atmosphère raréfiée d'esthétique dans laquelle elle vivait depuis trois ans avec Charles, sur lequel toutes ses pensées étaient encore concentrées. Elle ne pensait pas à elle-même. Peu lui importait de savoir comment on l'appelait : épouse ou maîtresse. Elle était Clara Day et le resterait quoi qu'il lui arrive. Elle avait forcé Charles à l'épouser pour le protéger et l'aider, et elle l'avait mis en danger d'emprisonnement... C'était parfaitement vrai ; Charles ne pouvait pas se protéger car il ne pouvait pas apprendre que les autres n'étaient pas aussi gentils que lui. Il avait été piégé dans le mariage avec cette femme vulgaire et venimeuse. Il ne pouvait pas en parler parce qu'il le détestait tellement... Elle lui trouvait des excuses, pour elle-même elle n'en cherchait aucune, et au fond de toutes ses pensées se trouvait sa ferme volonté qu'il réussisse. Oui, pensa-t-elle, c'était une bonne chose de le quitter pendant un moment. Elle avait été trop avec lui, trop près de lui.

C'était un grand réconfort d'être avec Julia et Freeland, ces irréels Roméo et Juliette d'âge moyen. Ils étaient très fiers d'elle et ravis de l'avoir avec eux, l'emmenaient partout, la présentaient à tous leurs amis et insistaient pour qu'elle soit photographiée pour la presse, et en temps voulu, elle eut le choc de voir ses propres traits. presque grandeur nature, exposé aux foules pressées sur les quais de la gare. Elle s'appelait Clara Day, la plus jeune et la plus jolie recrue de Sir Henry Butcher. De la petite fille timide et studieuse qui s'asseyait à proximité et, si possible, cachée pendant les répétitions, elle a découvert qu'elle était devenue, aux yeux de la compagnie, l'une des leurs. On savait qu'elle avait déjeuné seule avec Sir Henry, et la publication de sa photographie scella sa jeune réputation. Avec l'intérêt du chef et l'influence dans la presse, il était admis qu'elle irait loin. On murmura qu'elle était Mme Charles Mann, car apparemment elle ignorait tout simplement l'empêchement.

Elle a appréhendé la situation instinctivement. Son esprit recula. Elle se sentait piégée. Quelle que soit la direction dans laquelle elle se déplaçait, elle le blesserait... Elle aurait dû rester tranquillement en retrait et le laisser suivre son propre chemin. En le forçant à aller au théâtre, lui et ses affaires ont été exposés à la lumière éclatante de la publicité à travers sa propre ambition impétueuse pour lui.

Bientôt, elle fut dans une agonie intolérable. Elle écrivait à Charles tous les jours et le voyait de temps en temps, mais elle était torturée à chaque instant par l'idée que sa simple présence lui était nuisible et pouvait à tout moment provoquer une attaque de la jalouse Kitty. D'un autre côté, à tout moment, un journaliste pourrait s'emparer de l'histoire de son arrivée à Londres avec Charles et publier le fait de leur mariage... Elle resta avec Julia et laissa les jours passer jusqu'à ce qu'enfin elle pensait que c'était injuste envers ses aimables amis. Un soir donc, après le théâtre, elle entra dans la chambre de Julia, s'assit perchée au bout de son lit, les genoux repliés sous le menton, et dit :

« Je ne suis pas la femme de Charles, Julia.

«Je le sais», répondit la gentille créature.

"Mais je *suis* mariée avec lui."

'Bon dieu!' Julia se redressa et posa la main sur sa vaste poitrine... « Pas une cérémonie !

'Oui. Dans un bureau près du Strand.

« Mon cher enfant, mon cher, cher enfant », se mit à pleurer Julia. "C'est... c'est... c'est..."

«Je sais ce que c'est», dit Clara en serrant la mâchoire. «Je ne sais pas quoi faire.»

« Vous ne devez plus jamais le revoir.

'Mais je dois. Je *suis* mariée avec lui en moi. Il ne peut rien faire sans moi. Je l'ai fait venir ici....'

« Vous ne le saviez pas ?

«Je ne savais rien sauf que je l'aimais.»

"Mais les gens ne peuvent pas aimer comme ça."

'Je fais.'

« Il s'est enfui de tout cela... et il y avait d'autres choses... Oh, ma chère, chère enfant, n'avez-vous personne à vous ?

« Seulement Charles. Et je lui ai fait du mal.

'Qu'est ce qu'il dit?'

"Il ne semble pas se rendre compte ..."

« J'aimerais le tabasser à quelques centimètres de sa vie… La seule chose pour laquelle il faut être reconnaissant, c'est que vous n'êtes pas mariée avec lui. Je ne m'en rends pas compte , en effet ! Il a quitté son mariage comme un homme qui escroque son loyer.

'C'est un artiste. Son travail est plus important pour lui que pour quiconque.

Julia pleurait et gémissait. « Le scélérat ! Le scélérat ! Le canaille !

« Je ne vous laisserai pas l'insulter. Je ne l'aurai pas. Je ne l'accepterai pas, s'écria Clara, ses sentiments s'exprimant dans un accès de colère. « Et vous ne devez le dire à personne, pas même à Freeland. Je ne laisserai personne intervenir. Je vais m'en occuper moi-même parce que j'en sais plus que quiconque... Cela ne m'aide pas du tout de vous entendre abuser de Charles. Cela ne fait que me blesser... J'ai commis une erreur et je vais jusqu'au bout.

"Mais tu ne peux pas vivre avec lui."

« Vous vivez avec Freeland. »

'Oui. Mais nous ne sommes pas mariés, donc personne ne s'inquiète ; au moins, je suis marié, Freeland aussi. Cela rend tout bien. Si les gens sont mariés, c'est différent.

Les complications de cette situation dépassaient l'intelligence de Julia, et elle se mit à rire de façon hystérique. Clara rit aussi, mais avec un véritable amusement. Le monde lui paraissait certainement très drôle, vu le détachement qui lui était désormais imposé : délicieusement drôle, et Charles apparaissait dans ses pensées comme une sorte d'Arlequin dansant à travers le monde, scrutant les maisons où les gens étaient captifs, frappant les portes avec sa baguette si qu'ils ont ouvert, mais personne n'est jamais sorti.

— Je vais vous conduire chez mon avocat, dit enfin Julia avec un gros sanglot.

«Je ne veux pas d'avocats», lança Clara d'un ton de défi. « Charles déteste cette femme et elle le sait. Elle n'essaiera pas de le récupérer.

'Oui. Mais elle ne supportera pas que tu sois avec lui.

"Alors je vivrai seul et j'aiderai Charles à ma manière."

« Aide-toi d'abord, mon amour ; alors vous pourrez aider d'autres personnes.

«Je n'y crois pas. Si vous vous aidez vous-même, vous êtes tellement occupé à le faire que vous ne savez pas que les autres sont là.

Bien sûr, Julia l'a dit à Freeland, et le matin, il est venu frapper à la porte de Clara. Elle l'a admis. Son beau visage plutôt fané avait une expression très sérieuse, plus sérieuse en fait que ne le justifiaient ni les sentiments de son cœur ni les pensées de sa tête. C'était une situation très grave, et il avait pris les mesures appropriées... Clara avait bien dormi et sa bonne humeur lui permettait de considérer toute cette complication comme, en soi, plutôt superficielle. Le soleil brillait sur le miroir de sa coiffeuse, sur ses pinceaux d'argent, sur le portrait de Julia dans un cadre d'argent et sur la robe neuve venue la veille de la couturière. Avec le soleil qui brillait et la pensée impatiente de Charles dans son cœur, Clara ne pouvait avoir aucune inquiétude. Aucun problème n'était insoluble, aucun obstacle, pensait-elle, ne pouvait être irrésistible. C'est pourquoi elle sourit lorsque Freeland entra en marchant plus lourdement que d'habitude. Il se leva et la regarda.

« C'est une mauvaise affaire, gamin, dit-il, une très mauvaise affaire. »

« Est-ce que c'est vrai ? »

« Il a ruiné ta vie. J'ai envie de lui tirer dessus.

"Cela ne m'aiderait pas."

« Vous ne voyez pas à quel point c'est grave ? Vous n'êtes ni marié ni célibataire.

« Je ne peux pas être juste Clara Day ? »

Freeland était plutôt déconcertée. Il était habitué à ce que Julia suive son exemple. Si une femme ne suit pas la ligne proposée par l'homme dans une situation, une scène, où est-il ? Et en fait, Freeland ne savait pas où il se trouvait. Sa vie s'était déroulée assez facilement d'une scène à l'autre et il n'avait pas l'habitude d'être arrêté.

«Non, non, gamin», protesta-t-il. «C'est trop horrible. Votre position est impossible. Charles, bon sang, ne peut pas te protéger. Le monde est dur et cruel... Un homme peut jouer seul, mais je n'ai jamais entendu dire que cela soit le fait d'une femme : jamais.

«Je vais accompagner Charles jusqu'au bout, dit Clara, et vous verrez comment nous allons réveiller votre vieux Londres.»

" Mais s'il y a un scandale... ? '

"Il n'y aura pas... Et s'il y en a : eh bien... eh bien..."

Freeland, à son tour, se mit à pleurer. Clara lui semblait si pathétique, si innocente, si inconsciente de toutes les dures réalités du monde. Elle était comme un oiseau sauvage, volant en extase, volant de plus en plus haut dans la douleur de son chant. En effet, elle était un spectacle des plus touchants, allongée là dans son innocence, pleine de foi, consciente du danger, occupée par des pensées méfiantes, mais si ardente, vitale et confiante que toute sa croyance en Charles et son amour pour lui étaient basés sur le plus profond. et des forces de vie plus fortes... Elle était prête à se battre, et elle était profondément consciente que la loi et les autres dispositifs de la société étaient entièrement conçus pour contrecarrer ces forces plus profondes et plus fortes... La sympathie sentimentale de Freeland lui semblait dans son humeur matinale joyeuse, faible et hors de propos, mais charmante et pathétique. Il la considérait comme une petite fille et était totalement inconscient de toutes les connaissances passionnées en elle qui dépassaient si loin et si rapidement ses capacités.

« Tout ce que nous pouvons faire, dit-il, nous le ferons toujours. » Il se baissa, la prit dans ses bras et l'embrassa, et de grosses larmes coulèrent sur sa joue. Les larmes venaient facilement à ces gens ; à Clara, elles ne venaient pas. Elle exultait même plutôt de son péril, qui détruisait pour elle une fois pour toutes la superficialité de la vie dans laquelle elle s'était plongée pour aider Charles à conquérir son royaume, qui était bien loin de ce monde de lois et de faux-semblants , de faux-semblants. émotions et larmes faciles.

"Je ne vois pas comment Charles aurait pu faire ça", dit Freeland en s'essuyant les yeux.

"C'est moi qui l'ai créé", dit Clara, ses yeux dansant de plaisir et de malice.

VI

OISEAUX ET POISSONS

Pour le moment, il semblait que le Kitty superflu avait disparu de la scène. Elle n'a fait aucun signe et aucune tentative n'a été faite pour la retrouver. Clara savait parfaitement qu'elle se trouvait quelque part dans le West End, mais dans ce petit quartier bondé, il était possible d'éviter les rencontres. Les gens se sont vite laissés emporter et ont vécu entre tel théâtre, tel restaurant et leur maison, et le théâtre de lumière a été presque complètement séparé du théâtre qui se prenait si au sérieux. La scène légitime n'avait rien à voir avec la frivolité bâtarde des maisons dont l'attrait reposait sur la lingerie, les jolis visages et les membres galbés.

Quant à Charles, il était encore une fois inconscient. Il a rendu visite à Clara à l'appartement et a eu une scène douloureuse avec Freeland, qui s'en est pris à lui, a prononcé un certain nombre de mots durs, tels que « canaille », « bête égoïste », etc., etc., mais a été déconcerté lorsque Charles, nullement offensé, dit doucement :

'As tu fini?'

'Non. Que proposez-vous de faire à ce sujet ? Le pauvre enfant n'a personne. Julia et moi sommes son père et sa mère. En fait, je la considère comme ma fille adoptive.

«Je devrais toujours la laisser faire exactement ce qu'elle voulait», a déclaré Charles.

« Veux-tu la laisser tranquille alors ? »

'Certainement.'

Freeland considérait cela comme un triomphe, mais Clara était furieuse contre lui pour son interférence et elle le gronda jusqu'à ce qu'il promette qu'à l'avenir il ne dirait plus un mot.

'Qu'est-ce que tu vas faire?' Il a demandé.

« J'ai besoin de vacances avec Charles », dit-elle – une idée nouvelle pour Freeland, dont la conception de l'amour était une dévotion obstinée – « et je vais vivre seule pendant un certain temps.

Elle partit, et avant la fin de la journée , elle avait trouvé un appartement meublé dans le quartier miteux des rues étroites derrière Leicester Square, et pendant un temps elle fut entièrement absorbée par cette nouvelle acquisition. C'était le sien, le sien. Il se trouvait au sommet de la maison et donnait sur les toits et les cheminées vers l'ouest, de sorte qu'elle avait le coucher du soleil de Londres pour son confort et sa compagnie : plus que suffisant, une intimité plus douce que celle qu'elle avait encore trouvée parmi les êtres humains, dont les affaires superficielles et les affaires difficiles. l'importance la blessait et l'exaspérait toujours... Plus clairement que jamais, elle savait que seuls Charles et son œuvre comptaient pour elle. Elle le voyait de temps en temps et savait qu'il était entièrement heureux. Il lui écrivait tous les jours et ses projets arrivaient à maturité. Lord Verschoyle était de plus en plus intéressé, et à mesure que l'intérêt de sa seigneurie grandissait, l'idée que Charles se faisait de son immense richesse grandissait également. Cela inquiétait Clara, qui voulait que son génie fasse ses preuves pour commander et non pour solliciter du soutien. Mais Charles était ravi du succès de sa campagne publicitaire et de la croissance de son prestige parmi les artistes... « Une telle combinaison n'a jamais été connue. Nous allons simplement submerger le public.

La réponse de Clara fut de veiller à ce que ses relations avec Sir Henry Butcher ne soient pas négligées. L'explosion produite par l'intervention de Kitty avait divisé leurs efforts, de sorte que Charles travaillait désormais par l'intermédiaire de Lord Verschoyle , elle par l'intermédiaire de Sir Henry Butcher, et une fois de plus, elle était embarquée dans une bataille avec Charles pour la réalisation de ses rêves - et non sur le papier, ce qui n'était pas le cas. le satisfaisait parfaitement – mais en termes de vie dans laquelle seule elle pouvait sentir que son existence était honorable . Elle tenait suffisamment étroitement Charles pour voir qu'il travaillait à *La Tempête* , mais, comme elle n'était plus continuellement avec lui, elle ne pouvait pas empêcher son absorption ravie dans son comité. Celui-ci était dûment et dûment constitué. Il avait un président, le professeur Laverock, et M. Clott en faisait également le secrétaire à titre honoraire, les émoluments de Charles étant plus que suffisants pour ses besoins. Il se réunissait régulièrement une fois par mois dans les studios et salons. Les meilleurs cerveaux non officiels de Londres étaient rassemblés, et des hommes nerveux se regardaient avec méfiance et anxiété jusqu'à ce que Charles apparaisse, avec M. Clott s'agitant et se déplaçant autour de lui comme un remorqueur autour d'un grand paquebot. Sa présence a dynamisé l'assemblée ; l'idéalisme réprimé de ses partisans refait surface. Poètes dont les œuvres furent ignorées du grand public, musiciens dont les compositions furent évincées des salles de concert de Londres par les Allemands, les Russes, les Français et les Polonais, dramaturges dont les pièces n'étaient jouées que le dimanche soir, critiques d'art qui avaient acclamé l'exposition de Charles, tous en sa présence étaient conscients d'une solidarité à l'épreuve de toute jalousie et de toute déception ; Charles, célèbre à Paris, Berlin, Moscou, New York, se déplaçait parmi eux comme un vent allumé.

Il arrivait les bras chargés de papiers, tandis que M. Clott portait dans un petit sac noir les documents essentiels : procès-verbal, ordre du jour, suggestions, plans. Pendant quelques mois, le Comité n'a accompli que des résolutions pour inviter et coopter d'autres membres, mais il semblait impossible d'attirer dans le filet une personne qui réussissait vraiment. Aucun acteur-manager, aucun académicien royal, aucun poète ayant une bonne circulation n'a pu exprimer concrètement sa sympathie, même si l'admiration pour le travail de M. Mann et la haute réputation qu'il avait acquise pour l'art britannique sur le continent suintait d'eux tous dans des lettres très longues, qui furent lues au Comité jusqu'à ce que ses membres, pour la plupart des âmes plutôt simples, soient déconcertés.

L'accrétion de Lord Verschoyle a fait une grande différence. Il était présent en personne, un jeune homme timide et élégant, élevé à Eton et dans les Gardes pour le doux art de ne rien faire. Il possédait une grande partie de Londres et ses domaines étaient gérés par un conseil d'administration auquel il n'était même pas censé participer, et c'était un bon jeune homme. Il voulait dépenser de l'argent et exaspérer ses administrateurs, mais il ne savait pas comment s'y prendre. Les femmes l'ennuyaient. Il avait un yacht, mais le détestait, le gardait au port et n'y dépensait que suffisamment d'argent pour l'empêcher de rouiller. Il a maintenu une écurie, mais ne parierait ni n'assisterait à une autre réunion qu'Ascot. Il avait du goût pour l'art, mais ne s'intéressait qu'aux tableaux modernes, qu'il pouvait acheter pour cinquante ou cent livres. En fait, il était bien trop gentil pour ses possibilités tout à fait exceptionnelles de gaspiller de l'argent, car il détestait la vulgarité, et les seules personnes qui pouvaient lui dire comment gaspiller sa richesse - les voyous, les marchands d'art, les femmes du West End - étaient essentiellement vulgaire, et il ne supportait pas leur société... Il avait cinq maisons, mais il ne lui manquait qu'un appartement de trois pièces, et il était hanté et rendu malheureux par l'idée, non sans fondations assez solides, que les jeunes femmes et leurs mamans voulaient l'épouser pour son argent... Il avait envie de connaître une jeune femme qui n'avait pas de maman, mais aucune ne venait jamais vers lui. La société était pleine de mamans et de dames désireuses de faire progresser la fortune de leurs maris et amants. Il était considéré comme un homme de pouvoir, mais dans son cœur il savait qu'aucun être humain n'était jamais plus impuissant, plus misérablement à la merci de ses administrateurs, agents et serviteurs... Il avait été approché à plusieurs reprises par des personnes. intéressé par les pièces de théâtre, les théâtres et les projets, mais étant cette créature rare et malheureuse, un homme riche de bon goût, il les avait évités aussi ardemment que les mamans de Mayfair et de Belgravia.

Il rencontre Charles lors de son exposition et lui est présenté. Charles lui cria aussitôt à haute voix sur les grandes choses qui seraient accomplies grâce à la réalisation de ses rêves, et Lord Verschoyle avait dans sa société le sentiment exalté de faire l'école buissonnière et en voulait davantage. Il était en ce moment vivement poursuivi par Lady Tremenheer , qui avait deux filles, et il désirait ardemment se déshonorer, mais son goût était si parfait qu'il ne pouvait le faire de la manière ordinaire. Charles était scandaleux, mais si célèbre qu'il l'emporta, et Verschoyle s'empara du grand artiste comme moyen de s'échapper, sachant bien que l'art était de l'avis de ses administrateurs. D'une seule pierre, il pourrait tuer tous ses oiseaux. Il promit par lettre, prenant le plus grand soin de mettre par écrit sa méchante indiscrétion, son soutien sans réserve au projet de Charles.

Charles dressa alors son projet. La richesse de Verschoyle disposa du membre le plus captif de son comité, dont les réunions devinrent plus horribles et plus cérémonieuses que jamais. Même autant d'intellects rassemblés ne pouvaient pas résister à la richesse qui, au fil des générations, avait été rassemblée pour entourer la douce personnalité d'Horace Biningham , Lord Verschoyle , qui souriait avec bienveillance à l'étrange compagnie et, tous inconscients de l'effet dévastateur sur eux de son argent. , fut très humblement flatté de se trouver en présence de tant de personnalités distinguées.

La dixième réunion du comité a été organisée pour être la plus critique. Charles devait lire et exposer le projet sur lequel il travaillait depuis des années. La réunion devait avoir lieu chez lui, et pour cette occasion seulement, il implorait Clara d'être présente comme hôtesse, et elle était si désireuse de partager le triomphe de cet aspect de ses activités qu'elle y consentit et fut la seule femme présente. . Sous la présidence du professeur Laverock, M. Clott a lu le procès-verbal de la dernière réunion sur laquelle, comme rien ne s'était passé, il n'y a eu aucun commentaire. Clara s'assit dans un coin près de la porte et regarda tour à tour, cherchant en vain quelque chose de la fougue et de l'empressement qui était en elle. Charles, qui, radieux et bouillonnant de confiance, était assis à une petite table dans le salon. au centre de la pièce, ses papiers devant lui, deux énormes bougies de chaque côté et sa montre à la main.

Après les formalités, le professeur Laverock a demandé à M. Mann de lire son projet au comité... Rarement une salle peut contenir autant d'idéalisme avide, rarement autant de cerveaux puissants peuvent être activés pour s'inspirer d'un seul.

Charles lissa son papier, secoua ses cheveux, arrangea les manchettes qu'il portait toujours dans son désir de passer pour un gentleman anglais. Ses auditeurs s'installèrent sur leurs chaises. Il a commencé:-

"Messieurs, nous avons tous ici le souci de faire du théâtre un temple de l'art, toujours ouvert et accueillant tous les talents, depuis celui de la vision la plus élevée et la plus créatrice jusqu'à celui de la vie d'artisan le plus humble et le plus patient."

«Ah!» quelqu'un soupira de contentement.

« Nous ne pouvons attendre un tel théâtre ni de la part d'acteurs ni de commerçants qui seraient bien mieux occupés à vendre des bottes ou du savon... En Allemagne, l'art est honoré . Nietzsche, que je reconnais comme mon homologue, doit être commémoré par un immense stade sur une colline. En Angleterre, nous nous sommes détournés du sommet des collines et sommes blottis les uns contre les autres dans les vallées jusqu'à ce que la beauté soit perdue et que les rêves ne soient que des souvenirs douloureux.

Clara était irritée par ce préambule. Cela ressemblait trop à l'esprit de Sir Henry Butcher. Si seulement Charles l' avait consultée , elle aurait supprimé cette grandiloquence ambitieuse et l'aurait ramené aux détails pratiques.

« Ma proposition est que nous érigions sur l'un des trois sites appropriés à Londres un théâtre qui serait à la fois une école et un palais d'art. Il y aura un théâtre sur le modèle allemand et un théâtre en plein air sur le plan d'une arène de Sicile dont j'ai ici des croquis et des plans.

« Est-ce que cela convient parfaitement au climat anglais ? demanda Adolph Griffenberg , un petit peintre juif.

« Les handicaps du climat anglais sont grandement exagérés », a déclaré Charles. « Il pourrait y avoir une protection contre le vent et la pluie, si cela était jugé nécessaire. Au théâtre couvert sera annexée une scène expérimentale à laquelle je consacrerai bien entendu la plus grande partie de mes énergies ; puis des salles de classe, une cuisine, une salle à manger, une salle de danse, un salon de musique, une armoire, trois ascenseurs et deux escaliers.

« N'est-ce pas trop détaillé pour notre objectif actuel ? » demanda Griffenberg .

«Je veux simplement montrer que je suis tout à fait pratique», rétorqua Charles. « Il y aura tous les appareils modernes sur scène, plusieurs de mes propres inventions et un avant-scène réglable. Le personnel sera composé de moi-même, d'une douzaine d'instructeurs dans les divers arts du théâtre et d'un plus grand nombre d'élèves, qui seront promus à mesure qu'ils feront preuve de talent et d'habileté dans l'emploi de ce théâtre.

Jusqu'à présent, l'attention avait été vive et enthousiaste. La vision heureuse de Charles d'un temple de marbre éclairé du soleil intérieur de la vision et rose de jeunesse avait tout emporté devant elle. Il s'est mis à sa tâche, a continué à parler tandis que les bougies étaient faibles et est finalement arrivé à l'aspect financier de sa proposition. Griffenberg se pencha en avant et Clara le regarda avec appréhension.

«J'ai estimé le coût comme suit», dit Charles, maintenant sûr d'avoir ses auditeurs avec lui. « J'ai mis mon estimation aussi basse que possible, afin que nous puissions connaître notre minimum : –

Le théâtre en plein air. . . . . 6 000 £

Le Théâtre Intérieur. . . . . 15 000 £

Aux machines. . . . . 4 000 £

Aux salaires . . . . 1 500 £

Mon propre salaire. . . . . 5 000 £

Garde-robe . . . . 600 £

foncière . . . . Nominal

Musiciens et musique . . . . 600 £

Peinture, matériaux, etc. . . . . . . 400 £

Nourriture pour les oiseaux et les poissons. . . 25 £

Il y avait un silence de mort. Un ou deux hommes souriaient. D'autres regardaient. D'autres se tiraient le nez ou se lissaient les cheveux. Griffenberg rit durement et dit :

« Excusez-moi, M. Mann. Je n'ai pas bien compris ce dernier élément.

Charles, qui ignorait totalement le changement d'atmosphère, leva les yeux et répéta :

« De la nourriture pour les oiseaux et les poissons... Il doit y avoir de beaux oiseaux qui volent dans le théâtre en plein air. Dans la cour, il doit y avoir des étangs à poissons avec des poissons rares....'

"Nous ne proposons pas de construire une villa de Tibère", a lancé Griffenberg , profondément blessé. "Je ne peux pas accepter un projet qui inclut les oiseaux et les poissons."

Clara était hérissée de fureur contre Charles pour avoir été si enfantin, et contre Griffenberg pour avoir profité de lui. Elle savait que Charles était en extase et incapable de répondre aux points pratiques qu'ils choisissaient de soulever. Il aurait été juste que Griffenberg s'oppose à ses estimations, mais pas aux oiseaux et aux poissons... Son sens de la justice était si outré que pour s'empêcher d'intervenir, elle se glissa hors de la pièce et laissa libre cours à sa fureur. dans l'obscurité du passage.

Le pire est arrivé. Le projet fut oublié ; on se souvenait des oiseaux et des poissons... Griffenberg demanda avec insolence si M. Mann proposait de publier le projet tel quel, et Charles, qui ne détecta pas l'insolence, répondit qu'il avait certainement l'intention de publier le projet et qu'il avait effectivement déjà envoyé une copie à l'Association de la Presse.

« Comme le vôtre ou celui du Comité ? »

M. Clott intervint :

"J'ai clairement indiqué que le projet appartenait à M. Mann, et M. Mann a envoyé avec ce que je peux dire être une très belle description de son théâtre tel qu'il sera dans l'avenir."

« Théâtre en l'air », dit quelqu'un, et tous, un peu honteux, quoique avec une certaine bravade de bonté pour cacher leur honte, se levèrent pour partir.

En sortant de la pièce, Clara se précipita dans les escaliers et entendit leurs remarques alors qu'ils partaient. "Oiseaux et poissons." ... 'Homme extraordinaire.' ... 'Conte de fées.' ... 'Maudite impudence.'

Charles, toujours indifférent à tout changement, se déplaça parmi eux en les remerciant chaleureusement de leur soutien et en expliquant que s'il avait mis un peu de temps à lire, c'était parce qu'il avait voulu ne laisser aucune place à des malentendus.

Personne n'est resté sauf un poète irlandais, ravi des mots, des oiseaux et des poissons, surgissant comme un poème du fouillis de tant de détails, et Verschoyle , un peu inquiet, mais fasciné par la voix de Charles et ce qui lui semblait son superbe audace. Ils se levèrent tous les trois et se parlèrent de l'oubli du monde et de ses voies étroites, et Charles chevaucha bientôt le cheval de bataille de sa théorie de la royauté et exhorta Verschoyle à intéresser la cour de St James à l'art.

Clara les rejoignit, les écouta pendant un moment, puis détacha Sa Seigneurie des deux autres, qui se parlaient intensément, sans écouter ni l'un ni l'autre, martelant tous deux leurs arguments. Elle emmena Verschoyle dans un coin et dit :

"C'était très injuste de la part de M. Griffenberg pour attraper Charles sur les oiseaux et les poissons. Ils sont très importants pour lui.

"C'est ce que j'aime chez lui", a déclaré Verschoyle . « Les choses sont importantes pour lui. Rien n'est important pour le reste d'entre nous.

"Certains d'entre eux vont démissionner du comité", a déclaré Clara. «J'espère que non. C'est vraiment dommage, car Charles le pense si profondément.

Verschoyle a vissé ses lunettes, a tenu son genou et l'a balancé d'avant en arrière . Il était assez astucieux pour voir que s'il démissionnait, tout le comité se briserait, et il savait que cette terrible éventualité était également dans l'esprit de Clara. Il aimait l'extravagance de Charles : cela le faisait se sentir méchant, mais aussi il était gentil et ne pouvait se résoudre à blesser Clara. Il n'avait jamais senti de sa vie qu'il avait la moindre importance pour qui que ce soit . Clara sentit ce sentiment s'éveiller en lui et elle le nourrit ; laissez-le raconter l'histoire de leurs luttes et des efforts qu'elle avait déployés pour amener son idéaliste à Londres, et insistez sur l'importance vitale du travail de Charles.

« Ils sont tous jaloux de lui, dit-elle, tous ces gens dont on n'a jamais entendu parler en dehors de Londres. C'était juste dans leurs habitudes de s'attacher à une chose pareille.

Verschoyle éclata de rire.

"J'aime l'idée des oiseaux et des poissons à Londres", a-t-il déclaré. "Je pense que nous en avons besoin... Maintenant, si c'était vous, Mme Mann" - car il lui avait été ainsi présenté - "Je vous soutiendrais dans tout."

«C'est moi», dit Clara. «C'est toujours une femme. Sans moi, nous ne serions pas à Londres maintenant.

« Vous devez l'amener dîner avec moi.

Clara accepta dans son empressement à sauver la situation sans se rendre compte qu'elle s'était compromise.

« Vous me pardonnerez de le dire, ajouta Verschoyle , mais cela me fait mal de vous entendre parler de vous en tant que femme. Tu n'es qu'un enfant et je déteste les femmes.

— Moi aussi, dit Clara, toute son anxiété désormais apaisée. Avec Verschoyle pour amie, elle ne se souciait pas de la rapidité avec laquelle le comité serait dissous. Elle avait toujours détesté le comité, car, comme disait son grand-père, un comité est un dispositif par lequel les incompétents contrôlent les activités des compétents... Elle aimait Verschoyle . C'était un petit homme solitaire et elle pensait avec fantaisie que seules les personnes seules pouvaient avaler les oiseaux et les poissons qui sont si nécessaires pour compléter la vision de l'artiste.

«Je dois y aller maintenant», dit-elle à la surprise de son compagnon.

« Je ne peux pas t'emmener dans ma voiture ? » demanda-t-il en cachant son étonnement qu'elle parle d'une maison ailleurs. Elle consentit et il la reconduisit dans ses appartements, laissant Charles et le poète irlandais toujours en train de s'extasier dans un duo quelque peu discordant.

VII

SOUPER

Les idéalistes doivent certainement être ajoutés aux ivrognes et aux enfants sur lesquels veille une divinité particulièrement bienveillante : un flot de désastres sur mer et sur terre a donné une abondante moisson de nouvelles et a rendu impossible aux journaux la publication du projet de Charles Mann. La crainte de son comité d'être publiquement ridicule s'est évaporée et, comme Lord Verschoyle n'a pas démissionné, aucun autre membre ne l'a fait, et Griffenberg a simplement envoyé une lettre de protestation et annoncé qu'il était trop occupé pour prendre une part plus active aux débats. Il s'en va et dénonce le théâtre comme une institution vulgaire, dans laquelle aucun artiste ne peut entrer sans perdre son âme. Il dit cela publiquement dans un journal et produisit une de ces délicieuses controverses qui, aux jours autrefois heureux de la publicité illimitée, offraient l'occasion de récriminations mutuelles sur une base impersonnelle.

Verschoyle promit à Charles trente mille livres s'il parvenait à réunir une autre somme similaire, et Charles se considérait déjà comme valant trente mille livres, augmenta le salaire de M. Clott et condescendit avec tant de sécurité à commencer réellement à travailler à *La Tempête* .

Clara, qui jouait encore de petits rôles à l'Imperium, constata avec consternation que Sir Henry s'était plutôt refroidi à l'égard de la production Mann et parlait d'autres pièces, d'un énorme succès américain intitulé *The Great Beyond* et d'un drame français dont il avait a acquis les droits quelques années auparavant. C'était vraiment alarmant, car elle savait que si elle ne pouvait pas engager Charles rapidement, il s'éloignerait simplement du théâtre et se consacrerait, sans l'aide de Verschoyle , qui n'était en aucun cas une certaine quantité, à ses projets légers. Déjà, il commençait à se laisser influencer par des lettres de personnes bien intentionnées de province, qui le pressaient de fonder un autre Bayreuth dans les collines galloises ou dans la forêt d'Arden... Donnez un indice à Charles et il construirait un univers imaginaire ! Si seulement elle pouvait l'empêcher de faire de la publicité, il ne serait pas exposé au bombardement distrayant d'allusions et de suggestions qui lui était adressé à chaque message, surtout après qu'il ait annoncé avec sa fade indiscrétion habituelle son association avec le propriétaire d'un quartier à la mode du magasin. Métropole.

Verschoyle ne s'y opposa pas. Cela horrifiait ses administrateurs et après un certain temps, devenant plus audacieux, il se retrouva beaucoup en compagnie de Charles et le trouva extrêmement utile comme croque-mitaine pour cffraycr les mamans qui avaient rendu sa vie hideuse depuis ses jours à Eton, lorsqu'une de ses tantes avait Il l'a horrifié en désignant l'un de ses cousins, un enfant de quinze ans, comme sa « chère petite amie ». ... De plus, en voyant beaucoup de Charles, il pouvait voir davantage Clara sans se compromettre.

Or, dans le monde du théâtre, il n'y a jamais d'argent, mais il peut toujours y en avoir. Cela sera toujours fait, de manière à ce que tous ceux qui y sont associés aient un crédit soutenu par des paiements occasionnels. Clara s'en est rendu compte très tôt dans sa carrière. Elle comprenait la finance, car son grand-père avait discuté de ses affaires avec elle exactement comme si elle était sa compagne, et elle avait dû garder la main sur ses extravagances ; et elle comprit vite qu'au théâtre, l'argent doit être dépensé toujours un peu plus vite qu'il ne peut être gagné pour maintenir le courant du crédit. Elle se rendit également compte que Sir Henry Butcher dépensait son argent beaucoup plus rapidement et se montrait calme et chaleureux envers les divers projets qui lui étaient soumis dans la mesure où ils rendaient le paiement possible.... Il avait observé l'augmentation de la renommée de Charles Mann avec un intérêt jaloux, mais d'un œil expert et astucieux, il attendit le moment de la capitalisation avant de s'engager dans les nouvelles manières d'habiller la scène, ces maudites tragédies grecques, ces jeux de rideaux, ces décors de jouets allemands et ces flummery russes dans lesquels les taches peintes représentaient arbres et nuages. Pour Sir Henry, un arbre était un arbre, un nuage un nuage, et il n'aimait rien de mieux que d'avoir de vrais lapins sur scène, si possible pour surpasser la nature. En même temps, il savait que le public changeait . . Il devenait de plus en plus difficile d'obtenir un succès instantané. Le théâtre n'avait plus la place qu'il occupait dans l'estime populaire, et ses personnalités n'avaient plus la vive autorité dont elles jouissaient autrefois. Lorsque le Premier Ministre visitait l'Imperium, c'était plutôt Sir Henry que le Premier Ministre qui était honoré : triste déclinaison, car les Premiers Ministres vont et viennent, mais un grand acteur règne à jamais en tant qu'unique locataire et directeur d'une institution aussi familière aux l'esprit général comme la Chambre des communes. Les premiers ministres étaient venus et repartis, ils avaient à leur tour accepté l'offre aimable de Sir Henry d'une loge pour la première soirée, mais dernièrement, les premiers ministres avaient gagné en popularité et les acteurs-managers l'avaient perdue, tant la détérioration de l'esprit du public avait été grande depuis l'introduction de journaux bon marché, imposant à chaque personnage public la nécessité d'un gaspillage d'énergie considérable en publicité... Autrefois, la publicité d'un grand homme était faite pour lui en reconnaissance de sa grandeur. Sir Henry était inquiet, ne parvenait pas à se débarrasser de l'obscurité grandissante et était profondément convaincu que Lady Butcher avait commis l'erreur fatale de sa carrière en se consacrant si exclusivement à la devanture de la maison et aux draperies sociales, le mettant ainsi en contact intime. avec des personnes telles que des premiers ministres, des ducs et des procureurs généraux... Le public avait été admis dans les coulisses. Le mystère avait disparu. Le théâtre, et même l'Imperium, avaient perdu leur charme. Rien n'y était sacré ; pas même les répétitions, continuellement interrompues par des journalistes, hommes et femmes, jeunes hommes et femmes élégants, amis et connaissances de sa famille, couturiers. 'Ah! Thérèse ! Thérèse ! soupira Sir Henry en regardant le portrait de cette dame. "Il a besoin de votre toucher, de votre charme, d'un aperçu rapide de la santé du théâtre qui n'appartient qu'à ceux qui y sont nés."

Bientôt, l'Imperium allait fermer pour de courtes vacances, après une saison terriblement mauvaise, et son directeur devait se décider quant à sa nouvelle production. M. Gillies était tout à fait favorable à la sécurité et à l'économie, et au report de toute aventure au printemps, mais Sir Henry dit :

« Le sort de l'année entière se décide en octobre. Les quelques personnes qui comptent reviennent de Karlsbad et d'Écosse nettoyées et grattées, et c'est alors que vous faites votre impression. Le printemps est trop tard. Nous devons avoir quelque chose de nouveau.

"Nous n'avons rien de nouveau."

«Ce camarade Mann.»

'Mais! Il est fou. S'il entrait dans le club, la moitié des hommes en sortiraient.

"Il s'est fait sentir."

'Oui. Mais dans le mauvais sens.

"En fin de compte, la mauvaise voie est souvent la bonne."

« Vous ne pouvez pas l'avoir au théâtre, chef, après la façon dont il a parlé de nous, comme si aucun de nous ne connaissait nos affaires.

« Il pourrait le dire s'il voyait notre bilan », dit Sir Henry, qui n'aimait rien tant que taquiner ses fidèles subordonnés. « Nous n'avons rien d'autre que ce mélodrame de Halford Bunn dans lequel je devrais jouer le pape.

"Eh bien, vous avez eu un grand succès en tant que Cardinal, Chef."

'Hmm ! Hum ! Oui.' Sir Henry a recommencé à vivre grâce au succès de *The Cardinal's Niece* , mais il se souvenait aussi des moments horribles qu'il avait passés lors des répétitions avec M. Halford Bunn, qui s'enivrait tellement de ses propres mots que tout jeu d'acteur qui détournait l'attention d'eux le rendait presque dans l'hystérie.

Sir Henry rit.

" Bunn ou Mann... " M. Mann a dit à M. Bunn : " J'espère que vous avez battu un record. " M. Bunn a dit à M. Mann : « Vous, monsieur, vous êtes également un coureur. »

'Ha! Ha! Ha!' » s'est moqué le gérant.

'Il! il! il!' » rit Sir Henry, et ils se séparèrent sans avoir résolu leur problème, bien que l'espièglerie de Sir Henry lui ait donné envie d'exaspérer Bunn et Mann en fusionnant ses contrats avec eux deux... Oh ! cher. Oh, mon Dieu, les auteurs ont toujours été suffisamment éprouvés, mais si les artistes commençaient à introduire leur égoïsme gonflé dans la machinerie du théâtre , alors la vie de leur directeur deviendrait insupportable... Sir Henry aimait dériver et faire des décisions soudaines et surprenantes.

Dans ce cas, la décision a été prise à sa place, par Clara. C'était devenu l'un de ses principaux plaisirs de lui offrir un déjeuner à l'Aquarium, comme elle l'appelait, et de rire avec elle de ses impressions vives et comiques de Londres, et insensiblement il était tombé amoureux d'elle, pas comme c'était son habitude. théâtralement et superficiellement, mais avec une passion de vieil homme pour la jeunesse. Cela le blessait, le tourmentait, le torturait, car elle ne lui donnait jamais l'occasion de flirter, mais elle lui maintenait l'esprit en pleine forme et lui faisait sentir à nouveau trente ans : et comme il en avait trente , il voulait en avoir trente. discutait avec lui de ses affaires privées, mais il savait qu'elle vivait seule. Elle le déconcertait, le désorientait, au point qu'il avait souvent du mal à ne pas fondre en larmes. Elle était si rapide et elle comprenait si bien, avait une vision si fine du caractère et des intrigues qui se déroulaient tout autour d'elle, qu'il s'émerveillait de son innocence et parfois presque la détestait pour cela et pour son refus d'accepter le poste qui lui était assigné. aux femmes dans la société. Sa blague, son bluff ne lui servaient à rien . Il dut péniblement lui révéler le meilleur de lui-même, le simple bon, tendre et généreux qu'il était au fond. L'aimant, il ne pouvait s'en empêcher et, l'aimant, il se mettait en colère contre elle.

Elle ne lui permettrait jamais de lui rendre visite dans ses appartements. C'était un privilège qu'elle réservait à Verschoyle . Ses chambres étaient son sanctuaire, son refuge, l'endroit où elle pouvait être simple et humaine, et être la Clara Day intacte qui avait vécu dans une joie enfantine avec son grand-père et surtout seule dans son imagination avec divers personnages, plus réels que n'importe lequel des autres. les personnes avec lesquelles elle est entrée en contact jusqu'à ce qu'elle rencontre Charles Mann... Il n'a jamais été admis dans ses chambres, pas plus que Sir Henry Butcher, chez qui elle avait rencontré pour la première fois l'amour ordinaire de l'homme sentimental ordinaire. Cela la laissait si impassible qu'elle détestait ce spectacle, avec tout son défilé ridicule d'émotions, ses ouvertures furtives, sa malhonnêteté corrosive, qui rendait impossible un échange franc de pensées et de sentiments.... La chose lui était déjà arrivée, mais elle Elle était trop jeune pour s'en rendre compte , ou pour comprendre pleinement son caractère possessif essentiel, qui, pour son esprit, était son principal délit.

Elle dut réprimander Sir Henry. Une semaine, elle a vu son salaire tripler. Elle a rendu les dix livres supplémentaires à M. Gillies, le gérant, en soulignant qu'elle faisait le même travail, petit et sans importance, et que ce n'était pas juste envers les autres filles.

« Le chef croit en vous, Miss Day. Il ne veut pas que tu nous quittes.

"C'est le genre de chose qui me fait sortir."

"Vous n'êtes pas comme les autres filles, Miss Day..." dit M. Gillies. « En effet, je me demande souvent ce que fait au théâtre une jeune femme qui porte ses vêtements comme vous.

L'expression de Clara le fit taire, et elle était furieuse contre le chef de l'avoir exposée à une telle familiarité. Elle en accusa Sir Henry, et il comprit rapidement son erreur et plaida si chaleureusement qu'il ne l'avait voulu que par gentillesse, qu'elle ne pouvait que lui pardonner. Il la suppliait de lui permettre de mériter son pardon en lui faisant présent de tout ce qu'elle désirait ; mais elle ne désirait rien.

«Je suis à vos pieds», dit-il en se mettant à genoux. « Dans deux ou trois ans, je ferai de toi une grande actrice. Tu seras la grande femme de ton temps... Un jour de printemps à la campagne avec toi me rendrait aussi jeune que Roméo...'

« S'il vous plaît, levez-vous, dit Clara, et parlons affaires. Vous avez promis au début de cette année que vous feriez *Tempête de Charles Mann* .

'Oui. Je fais toujours des promesses. On vit de promesses. La vie est une promesse... Si je promets de faire *The Tempest* , viendrez-vous séjourner avec nous aux Lacs en août ? Je veux que vous rencontriez les Bracebridge ; il faut connaître les meilleurs, les gais, les aristocrates, les seuls qui savent être amusants.

Cela s'éloignait de plus en plus des affaires, même si Clara savait qu'il était impossible de maintenir Sir Henry dans le vif du sujet. Elle ignora son invitation et répondit :

« Si vous voulez faire *La Tempête,* je peux obtenir le soutien de Lord Verschoyle . »

Sir Henry fut aussitôt jaloux. Il fit la moue comme un bébé.

« Je ne veux pas que Verschoyle ou tout autre jeune lionceau t'aide. *Je* veux t'aider... Verschoyle ne peut pas t'apprécier. Il ne peut pas vous voir tel que vous êtes ou tel que vous allez être.

Clara sourit. Verschoyle était devenu son meilleur ami, et elle entretenait avec lui une intimité profonde et tranquille que le jeune gentleman conservait avec un tact et un goût exquis, s'y délectant comme il le faisait d'une œuvre d'art ou d'un bon livre, et appréciant pleinement que le la capacité de la jeune fille était son pouvoir le plus rare et le plus irrésistible... Sir Henry était comme un garçon idiot dans son désir de lui faire comprendre que lui seul pouvait la comprendre.

Il a continué,-

" Cela semble tellement contre nature que vous n'ayez d'autres amies que la vieille Julia... Une actrice a aujourd'hui son rôle à jouer dans la société... Vous avez apporté une nouvelle vie à mon théâtre. "

« Alors, dit Clara, faisons *La Tempête* . »

"Mais je ne veux pas faire *La Tempête* ."

« Charles a dit que c'était le cas. »

"Nous en avons parlé, mais nous parlons toujours au théâtre... J'abandonnerais tout si seulement vous étiez un peu plus gentil avec moi."

Était-ce le grand Sir Henry qui parlait ? Clara vit qu'il était au bord d'une crise d'écolier, peut-être d'une déclaration, et elle ne fut jamais plus attachée à cet homme que dans ce moment d'auto-humiliation. Il attendait en elle un peu de détente, mais il ne rencontra que des sorties. Il se leva, passa la main sur ses yeux et parcourut la pièce en soupirant.

« A mon âge, aimer pour la première fois... C'est effroyable : c'est tragique. D'avoir occupé une si grande position et de n'avoir rien à vous offrir que vous accepteriez.

« Pas même une augmentation de salaire », dit Clara un peu malicieusement, et elle le blessa tellement qu'il s'effondra dans sa tentative d'héroïsme, et pour la gagner à tout prix dit :

'Oui oui. Je ferai *La Tempête* . Je peux faire de Prospero un grand rôle. Je ferai *La Tempête* si tu es Miranda ; au moins, si tu ne veux rien d'autre, tu seras ma fille.

— Tu ferais mieux d'inviter Charles et Verschoyle à souper, dit Clara. « Et nous pouvons tous en parler. Mais je n'aurai pas M. Gillies.

'Ah! Comme Teresa détestait cet homme... Savez-vous que j'ai parfois l'impression qu'il a détruit tout le grand travail qu'elle avait fait pour moi.

Clara n'avait aucune intention de discuter de M. Gillies. Elle avait gagné son point. Elle était certaine qu'une combinaison de Butcher, Charles et Verschoyle était la plus prometteuse pour atteindre son objectif.

«Je déteste Mann», dit Sir Henry. 'Je le déteste. C'est un renégat. Il déteste sa propre vocation. Il lui a tourné le dos....'

"Quand vous le connaîtrez , vous l'aimerez."

Sir Henry se retourna et fixa ses yeux sur elle.

« Je vis dans l'effroi, dit-il, dans l'effroi pour toi. Tu as tout devant toi, tout, et puis un jour tu tomberas amoureux et ton génie sera déposé aux pieds d'un imbécile qui le piétinera comme une vache marche sur une belle bouton d'or.

Clara sourit. Sir Henry, à cause d'une familiarité excessive avec les mots nobles, ne put jamais trouver l'expression exacte.

Le souper fut organisé dans l'aquarium qui, en l'honneur de Clara , était rempli de fleurs, de lys, de roses, de delphiniums et de cloches de Canterbury... Clara portait des chaussures grises et vertes et grises à lanières croisées autour de ses chevilles exquises. Elle est venue avec Verschoyle , qui l'a amenée dans sa voiture qu'il avait mise à sa disposition. Sir Henry portait un costume de soirée en velours couleur tabac et il regardait jalousement Sa Seigneurie qu'il considérait comme un destructeur intentionnel de la réputation de Clara.

"Je suis heureux que vous donniez sa chance à Mann", a déclaré Verschoyle . "Un type extraordinaire, très extraordinaire... Dommage que sa vie soit gâchée, surtout maintenant que nous commençons à prendre conscience de l'importance du théâtre."

Sir Henry grimaça.

« Il y *a* des hommes, dit-il, qui ont travaillé pendant que d'autres parlaient. Prenez cet homme Shaw, par exemple. Il a parlé pendant des années. Puis il sort des pièces qui ne sont que des paroles.

«Ibsen», dit Verschoyle .

« Pourquoi devrions-nous, sur la scène anglaise, continuer à dire sombrement qu'il y a quelque chose de pourri dans l'État de Norvège ?... . J'ai dirigé Shakespeare pendant plus de cent nuits que n'importe quel homme dans l'histoire du drame britannique, et j'ose dire que chaque homme éminent et chaque femme de beauté ou de charme a eu au moins une cigarette dans cette pièce. n'est-ce pas une preuve de l'importance du théâtre ?

« Ce n'est peut-être qu'une preuve de votre charme personnel, Sir Henry », dit Verschoyle , et Clara en était contente... Elle appréciait cette rencontre de ses deux amis. L'élevage de Verschoyle était le reflet tout à fait approprié de la flamboyance de Sir Henry.

Avec l'arrivée de Charles, le regroupement était parfait. Il est arrivé bouillonnant d'enthousiasme. Son portefeuille était sous le bras et il tenait à la main une liasse de journaux.

«Une nouvelle extraordinaire», dit-il. « Les Allemands, désespérés, transforment le théâtre en cirque. Leur idée d'un renouveau hellénique moderne. Des foules, des chevaux, des clowns... Sophocle dans un cirque !

'Horrible!' dit Verschoyle . 'Horrible! Nous devons faire mieux que cela, Sir Henry.

«J'ai *fait* mieux.»

Charles se pencha sur la main de Clara et la baisa.

«J'ai travaillé dur», a-t-il déclaré. 'Très dur. Mes dessins sont presque terminés... Verschoyle les aime bien.

"Je les trouve délicieux", a déclaré Verschoyle .

Le souper fut servi. En hommage au charme de Clara, à la richesse de Verschoyle et au génie de Charles, il a été choisi avec délicatesse : huîtres, saumon froid, viandes diverses, pâtisseries et gelées, avec du xérès, du champagne, du porto et des liqueurs, des glaces et du café.

Sir Henry et Charles mangèrent énormément. Même en cela, ils étaient en compétition. Ils étaient assis l'un en face de l'autre et leurs mains étaient constamment occupées à chercher des condiments, du pain, des biscuits, des olives, du vin... Verschoyle et Clara contrastaient fortement avec eux, même si tous deux s'amusaient et étaient grandement amusés par l'enthousiasme des grands.

Sir Henry a parlé à Clara dans une tentative puérile de déposséder Charles. Il était à son apogée le plus brillant et a inventé une histoire absurde dans laquelle M. Gillies, son manager, et M. Weinberg, son directeur musical, étaient engagés dans une intrigue visant à ruiner Miss Julia Wainwright, car l'un avait une nièce, l'autre une épouse, désireuse de devenir la principale dame de l'Imperium.

« Julia, dit-il, jouera Caliban. Pourquoi pas? Vous jouerez Ariel, Mann, et ce cher vieux Freeland sera Cérès... Soyons originaux. Je n'ai pas lu *La Tempête* depuis longtemps, mais j'ose dire qu'il y a un rôle pour toi, Verschoyle .

'Non merci.'

"Vous pourriez être l'un des esprits invisibles qui mangent le dîner fantôme."

« Vous et Charles pourriez très bien y parvenir », dit Clara, qui sentait que ses plans réussiraient. Ces trois hommes étaient unis par sa personnalité, et elle voulait qu'ils s'unissent dans le but de faire ressortir chez Charles ces qualités qui la rendaient prête à tous les sacrifices, si seulement ils pouvaient être amenés à jouer leur rôle dans la vie de son temps. .... Alors que le vin et la nourriture faisaient effet, les trois hommes étaient de bonne humeur et éclatèrent bientôt de rire à l'immense plaisanterie qu'ils partageaient tous, la plaisanterie de plaire au public britannique.

"C'est le jeu le plus merveilleux jamais inventé", a déclaré Sir Henry. « Des millions et des millions de gens croient tout ce qu'on leur dit. Crier Hourra ! pour du poisson frit si le héros du moment dit poisson frit, et hourra ! pour une glace quand le prochain héros dit glace... Je vous dis que je pourrais monter une pièce de Halford Bunn demain et les persuader pendant quelques semaines que c'était mieux que Shakespeare. Ah ! vous nous en faites la faute, mais c'est toujours le public qui est en faute. L'homme qui fait fortune est celui qui invente une nouvelle façon de les ennuyer... Nous serons bientôt comme les Français, où le seul moyen d'entretenir un intérêt pour la politique est de temps en temps par un scandale.

Au fur et à mesure qu'ils parlaient, Clara se sentait de plus en plus éloignée d'eux et avait par moments du mal à croire que c'était bien elle à qui toutes ces choses étonnantes étaient arrivées. Elle pensait que ça devait être la fin. Ici, autour d'une même table se trouvaient l'argent, l'imagination et le sens du spectacle, les trois éléments essentiels du succès, mais les trois hommes dans lesquels ils vivaient se parlaient d'inefficacité. Même Verschoyle avait attrapé la fièvre et parlait, et elle se surprit à penser que tous les trois, qu'elle savait si bien gérer séparément, étaient trop ensemble pour elle.

Ils parlèrent pendant des heures et elle essaya encore et encore en vain de les ramener aux affaires. Ils n'en auraient rien. Leurs langues se délièrent et ils exprimèrent leurs divers mécontentements avec un esprit malveillant.

Enfin , elle quitta la table et s'empara du portefeuille de Charles. Il se leva d'un bond, le lui arracha assez brutalement et dit :

"Je ne veux pas encore leur montrer."

« Il se fait tard, Charles », protesta-t-elle.

« A Moscou, dit-il, une fête comme celle-ci dure des jours. »

Sir Henry profita de l'altercation pour s'assurer auprès de Verschoyle qu'il était prêt à soutenir Mann's *Tempest* pendant au moins huit semaines. C'était assez bien pour Sir Henry. Il n'avait pas besoin de regarder les dessins... Il était de retour à ses beaux jours. Il savait que Clara, comme Teresa, ne le laisserait pas se ridiculiser.

Clara vit cela et fut très en colère et très endolori. C'était terrible pour elle que, alors qu'elle avait espéré un empressement et un enthousiasme pour mener à bien son projet, il y ait eu cette déclinaison en matière d'argent et de nourriture. Après tout, Shakespeare a écrit *La Tempête* et sa part dans sa production était plus grande que celle de Mann ou de Butcher. Elle avait espéré qu'ils discuteraient de la pièce et mettraient en commun leurs idées à ce sujet.

Cependant, elle se moquait d'elle-même d'être si jeune et innocente. Sans aucun doute, à leur époque, ils s'attaqueraient vraiment à leur problème et, après tout, dans le monde des hommes, dont les femmes étaient et seraient peut-être toujours exclues, l'argent et la nourriture étaient de première importance. Elle était néanmoins déçue et pouvait à peine le cacher.

«Je n'ai pas eu une si bonne soirée depuis vingt ans», dit Sir Henry.

«Célèbre», dit Charles en revenant à table. Charles fut étonné de constater à quel point il aimait Sir Henry, dont il avait médité amèrement les agissements pendant son exil.

Verschoyle dit,-

« Je suis seulement étonné que davantage d'hommes dans ma situation ne fréquentent pas le théâtre. Nous sommes tellement nombreux et nous ne pouvons penser à rien de mieux que la course, le polo et le gros gibier.

Comme ils étaient tous très satisfaits d'eux-mêmes, Clara ravala son chagrin et accepta plus volontiers leur hommage lorsque Sir Henry lui porta un toast en tant que muse présidente de l'Imperium.

Elle souffrait de la réaction d'une ambition réalisée. Elle avait surmonté la répugnance de Charles à se soumettre à la machinerie du théâtre, et était elle-même maintenant inspirée par une sorte d'horreur devant son immense pouvoir, capable d'absorber l'originalité et la force et de réduire les individus à des marionnettes impuissantes. Mais elle ne voulait pas admettre qu'elle avait peut-être tort et qu'il valait peut-être mieux laisser Charles se frayer un chemin seul.

Non non. Laissé à lui-même, il serait toujours trébuché par son désir d'oiseaux, de poissons et autres superfluités du même genre. Laissés se rencontrer dans leur amour de l'art, lui et Sir Henry auraient bientôt été à couteaux tirés. Dans leur amour de la nourriture, ils pourraient découvrir le charme de chacun et oublier leur jalousie et leur méfiance à l'égard des objectifs de chacun.

VIII

SOLITUDE

Verschoyle balaya sa réticence à accepter des cadeaux de sa part et lui permit de lui meubler ses chambres à condition qu'il n'y vienne jamais sans sa permission. Il a dit,-

« Pourquoi n'aurais-je pas le plaisir de satisfaire mon désir de tout vous donner au monde ? Les gens parleront ! ... On parle n'importe comment à Londres. Si on nous voyait marcher ensemble dans Piccadilly, on parlerait. Ils diront que je vais t'épouser, mais nous savons différent.... Votre façon de vivre est exactement mon idéal, indépendance absolue, paix et intimité. Nous sommes assez semblables en cela. Cela semble tellement étrange que nous vivions avec ces gens dont le seul but dans la vie est la publicité.

Ils passèrent de nombreuses heures heureuses ensemble à lire et à discuter des livres qu'il lui avait achetés par brassées dans un magasin de Charing Cross Road, où, ouverts sur la rue, se trouvaient des piles de livres presque ouvertement subversifs pour la société - Nietsche , Havelock Ellis, Shaw. , Ibsen, des tracts anarchistes, des revues socialistes et travaillistes , des réimpressions bon marché de la RPA, toutes sortes de livres qui, dans un magasin ordinaire, ne seraient achetés que sur commande spéciale... C'était un magasin très féroce. Ses boiseries étaient peintes en écarlate et au-dessus des étagères étaient inscrits en lettres dorées des noms tels que Morris, Marx, Bakounine , Kropotkine, Lassalle et des devises telles que « Les travailleurs du monde n'ont rien à perdre que leurs chaînes ».

C'est Clara qui a découvert le magasin au cours de ses pérégrinations dans le West End, qu'elle désirait connaître jusque dans ses moindres recoins, et son étrangeté a saisi son imagination lorsqu'elle a découvert que, malgré toute sa férocité, il était tenu par un gentil petit vieil Écossais, qui désirait le plus férocement la destruction de la société, mais qui aidait le plus gentiment tous ceux qui avaient besoin d'aide et qui sympathisait le plus pleinement avec tous, et ils étaient nombreux à se tourner vers lui pour obtenir de la sympathie. des mangeurs de noix aux cheveux et des buveurs d'idées. Il y avait des jeunes hommes qui planaient à l'arrière-plan de sa boutique, discutant, bavardant, occupant le temps qu'ils devaient passer loin de leur logement dans les intervalles fréquents entre leurs tentatives d'accomplir un travail pour lequel leurs convictions les rendaient inaptes. Ils croyaient, comme lui, à la noblesse du travail, mais n'en trouvèrent pas qui ne fussent ignobles. Il se vantait de n'avoir aucun livre dans sa boutique auquel il ne croyait pas.

La belle et élégante demoiselle qui entra un jour dans sa boutique l'étonna et le ravit par son éclat. C'était le genre d'accident qui n'arrive pas souvent à un humble libraire anarchiste.

Lorsqu'elle revenait encore et encore, il la traitait chaleureusement, lui recommandait des livres et lui offrait en cadeau *les Mémoires du prince Kropotkine*, au moins il lui offrait le deuxième volume, car il ne trouvait pas le premier. que des livres avaient été volés dans sa boutique ouverte, mais il a admis qu'ils étaient parfois « empruntés » par ses jeunes amis.

L'histoire de l'évasion de Kropotkine de la forteresse émut profondément Clara et elle la lut à Verschoyle dans ses appartements.

« Et cet homme est toujours en vie », dit-elle, « ici en Angleterre, où nous courons en rond à la recherche de la gloire et de l'argent... Il était comme toi, Verschoyle , dans une situation exactement comme toi, mais il l'a trouvé. intolérable et est allé en prison.

'Ah! mais c'était en Russie, où il est facile d'aller en prison. Si j'essayais et essayais, ils ne m'enverraient pas. Je suis trop riche. Ils ne le feraient pas. Si je devenais anarchiste, ils riraient parce qu'ils ne croient pas que la société puisse un jour être bouleversée.

« Je suis sûr que je ne suis pas entré dans ce magasin pour rien. Quelque chose va m'arriver, dit Clara.

« Je pense qu'il vous est arrivé assez de choses. N'est-ce pas ? ... Quelle petite créature agitée tu es ! Vous voilà avec tout à vos pieds, le plus grand artiste, le célibataire le plus riche de Londres à votre disposition, et vous voulez qu'il vous arrive quelque chose.

«Je n'en veux pas. Je dis que je sens que cela doit venir.

« Vous êtes en avance, ma chère. C'est ça ton problème. Les femmes ne sont pas encore indépendantes. Ils s'accrochent toujours aux hommes. C'est ce que je ne peux pas supporter à leur sujet. Je détesterais qu'une femme s'accroche à mon argent. Je détesterais encore plus en avoir un qui s'accroche à moi.

« Mais tu devrais te marier. Vous seriez plus heureux.

Il secoua la tête et sourit :

« Vous avez rendu cela impossible, Clara.

'JE?'

'Oui. Si je trouvais une fille comme toi qui voulait m'épouser , j'y réfléchirais peut-être... Mes tantes sont furieuses.

'Avec moi?'

'Oui. Vous avez fait plus de bruit que vous ne pouvez l'imaginer. On me dit que tu es plus méchant que Cléopâtre, et pourtant tu te plains qu'il ne t'arrive rien.

Elle l'emmena à la librairie et le présenta au libraire, un petit homme à la barbe grise et en costume de tweed. Verschoyle l'aimait bien et lui demanda ce qu'il pensait qu'un homme dans sa position devrait faire.

« L'homme Jésus vous a redressé il y a des années », dit le libraire. « Vends tout ce que tu as et donne-le aux pauvres. »

"Mais je ne peux pas", a déclaré Verschoyle . «Je ne suis qu'un *cestui que trust* .»

Pour Verschoyle comme pour Clara, la librairie était un lieu d'évasion, un lieu de vacances où elles pouvaient jouer avec des idées qui, pour Verschoyle, étaient un nouveau type de jouet. Avec Mann, il y avait toujours une certaine tension pour lui, parce que Mann voulait quelque chose de précis ; mais avec le libraire et ses jeunes amis, il était à son aise, car ils lui ressemblaient beaucoup, sans ambition, et en dehors de toute la presse et de l'agitation du monde. Comme lui, ils ne voulaient rien d'autre que s'amuser, et comme lui, ils détestaient les divertissements qui exigeaient des efforts.

Cependant, Clara, comme d'habitude, prenait cela au sérieux. Les Mémoires de Kropotkine avaient secoué son imagination et elle considérait les jeunes gens de la librairie comme des Kropotkine potentiels , des gens qui se tenaient au bord d'un abîme de souffrance et ne demandaient rien de mieux que de s'engouffrer dans la misère du monde.

Le trouble dans sa sérénité fut si grand que, pendant quelques semaines, elle s'enferma seule pour rassembler ses idées. Le monde n'était pas aussi simple qu'elle l'avait pensé ; certainement pas aussi simple que cela avait semblé au cours de ses trois années avec Charles. Comme elle l'avait dit, Londres était différente. Elle avait progressé jusqu'ici avec ce grand Londres de Butcher et Verschoyle pour découvrir, grâce à la librairie, un autre Londres qui s'ouvrait soudain devant elle : le Londres des pauvres... Une pauvreté qu'elle n'avait jamais connue, sauf celle du monde de l'art. qui est créé plutôt par l'indifférence à l'égard de l'argent que par son sombre manque. Avec Charles, les journées avaient été si chargées, les nuits si heureuses, que c'était une petite chose que de temps en temps elle devait avoir faim pendant une journée pour qu'il ne manque pas. L'immense pauvreté qu'elle voyait désormais partout dans ce West End de Londres, dans les tribunaux de Charing Cross Road, dans les vastes habitations d'ouvriers, à Soho et dans ses propres appartements au fond de Leicester Square, partout autour de la magnificence calculée des théâtres. , l'a bouleversée et a changé beaucoup de ses conceptions; d'abord son attitude envers Kitty Messenger, qu'elle considérait comme une vulgaire nuisance, une horrible intrusion du passé. Il lui était impossible d'accepter sa position de sécurité au-dessus de la mer sale de la pauvreté.

Elle détestait les pauvres, leur paresse, leur grossièreté, leurs manières horribles, leur gaieté bruyante et leur colère violente... Une fois devant sa porte, deux femmes ivres se sont battues. Ils s'appuyèrent contre le mur, se saisissant par les cheveux, et tentèrent, tout en se soufflant d'épaisses injures sur les visages écarquillés, de se mordre, de se gratter, chacun de se cogner la tête contre le mur... Clara courut devant eux. tremblant de tous les membres. Elle n'avait jamais vu la brutalité incontrôlée dont les êtres humains sont capables... Mais ce fut encore pire lorsqu'un policier arrêta les deux femmes et les emmena brutalement.

Et après cela, elle tombait continuellement sur des scènes similaires, ou sur des types dégradés et abandonnés. C'était comme si elle était devenue aveugle et qu'elle était soudainement capable de voir – ou le monde était-il devenu mauvais ?

Comment Verschoyle , comment Charles, comment tous ces gens bien habillés et bien nourris pouvaient-ils être si heureux alors que de telles choses se passaient sous leurs yeux ? Peut-être, comme elle, ne pouvaient-ils pas les voir. C'était très étrange.

Plus étrange encore était la libération d'énergie en elle-même, apportant avec elle un nouvel intérêt personnel pour sa propre vie. Elle commença à regarder plus attentivement les autres femmes et à les comprendre un peu mieux, à sympathiser même avec leur vanité, leur inconscience, leur insistance sur les hommages et les flatteries de leurs hommes. De là, elle passa à une introspection quelque peu perplexe, réalisant qu'il était extraordinaire qu'elle ait pu rompre son lien avec Charles et maintenir l'impersonnel alors que la relation personnelle était suspendue – ou disparue ? Oui. C'était tout à fait extraordinaire, et à cause de cela, elle savait qu'elle ne pourrait jamais vivre la vie d'une femme ordinaire, entièrement absorbée par les choses extérieures, par la position, les vêtements, la nourriture et le ménage, les magasins.

Elle se souvenait de Charles disant que ses sentiments pour elle étaient à l'extrême extrême de l'amour, et elle n'avait certainement jamais rien connu de tel que la relation entre, disons, Freeland et Julia – une romance facile et confortable. Être facile ou confortable était devenu pour elle une abomination, et c'était au fond la raison de son mécontentement. Il avait été trop facile de procurer à Charles un début de succès. Ils avaient assuré le contrôle de la machinerie du théâtre et devaient désormais agir conformément à son fonctionnement.

Pendant quelques semaines, elle fut paralysée et ne pouvait rien faire d'autre que de s'asseoir et de ruminer ; pensant à peine du tout consciemment, mais se regardant elle-même et les forces qui s'agitaient en elle, rampant de plus en plus pour prendre le contrôle de son imagination jusqu'alors entièrement libre et dans la maîtrise incontestée de son être. C'était une période d'agonie la plus aiguë. Elle ne se rendrait pas. Sans savoir ce qu'on lui demandait, elle s'écria : « Je ne le ferai pas, je ne le ferai pas. Mais les forces qui l'agitaient étaient implacables et modifiaient toute sa sensation physique d'être. Son corps changeait, sa silhouette se modifiait de la manière la plus subtile et imperceptible, son visage gagnait en force et en beauté, mais elle détestait ce changement, car il se produisait sans référence à sa propre volonté, ni à sa propre imagination, qui pour la première fois en elle. la vie était déconcertée... C'était épouvantable pour elle, qui avait toujours trouvé si facile de diriger la vie des autres, de voir sa propre vie échapper à un rythme effroyable et devenir incontrôlable... Aucune pensée, aucune notion de ses derniers jours étaient désormais valables. Au pire, même les mouvements les plus simples semblaient incompréhensibles. Lorsqu'elle aperçut son joli bras qui lui avait toujours procuré un frisson de plaisir, il la repoussait maintenant comme quelque chose de fantastique et d'irrésistiblement comique, d'un comique révoltant à cette époque où elle était en proie à tant de souffrances obscures, si profondes qu'elle elle ne pouvait en attribuer aucune cause, si aiguë qu'elle n'y voyait aucun but.

Elle trouvait presque son seul soulagement de lire, et elle dévorait, entre autres ouvrages curieux qu'elle trouvait dans sa librairie, *Darkest London du Général Booth et The Truth about the Transvaal de* Rose . Des romans qu'elle ne pouvait pas lire du tout. La fiction, c'est très bien, mais elle devrait avoir un rapport avec les émotions humaines telles qu'elles sont. Après sa vie aérienne dans l'imagination de Charles , elle avait besoin d'un régime de faits concrets et, comme d'habitude, de ce dont elle avait besoin, elle l'obtenait. Booth et Rose ont tous deux fait face au passé, mais cela les a rendus plus acceptables et ils l'ont rassurée. Les faits qu'elle découvrait maintenant étaient présents à d'autres esprits et le sien n'avait pas manqué d'en supporter tout le poids. Dans sa jeunesse intacte, elle avait toujours accepté la responsabilité de l'univers entier et, aussi longtemps que sa vie avait été avait été facilitée, d'abord par son grand-père, puis par Charles, le fardeau avait été supportable et elle avait été capable de façonner l'univers pour les rendre confortables. Mais maintenant que la vie était soudainement, sans raison apparente, incroyablement difficile, le fardeau était plus grand qu'elle ne pouvait supporter, et cela la soulageait de trouver dans ces deux livres l'expression de consciences souffrantes ..... En lisant Rose, elle se souvint d'un dicton : de son grand-père : « Les Britanniques créent des bidonvilles partout où ils vont parce que dans l'esprit de chaque Britannique, il y a un bidonville. »

Elle pouvait trouver un soulagement dans les livres, mais elle ne pouvait pas empêcher le surgissement des forces mystérieuses qui submergeaient la clarté de son esprit et rendaient paresseuse son intuition habituellement rapide.

Elle était très reconnaissante d'avoir conduit Charles dans l'Imperium avant que ce cataclysme n'éclate en elle... Elle pourrait bien être seule pour régler si possible le trop plein de nouvelles impressions dont elle souffrait. Elle n'avait plus de pensées mais seulement des obsessions. Londres... Londres... Londres... La circulation turbulente : la foule : Coventry Street la nuit : les théâtres illuminés : la statue de Piccadilly Circus : l'hôtel dans lequel elle et Charles avaient séjourné pendant leur séjour. première nuit à Londres : les visages peints des femmes : policiers : commissionnaires : des voitures magnifiques illuminées la nuit, glissant dans les rues avec des dames élégantes en tenue de soirée allongées à leur aise, ennuyées, mécaniques, aussi dures et mécaniques que les voitures qui les transportait à travers les rues : les femmes ivres qui se battaient devant sa porte : la femme devant ses fenêtres qui gardait un canari en cage et arrosait si amoureusement l'aspidistra sur le rebord de sa fenêtre : les tubes : les ascenseurs : les lumières aveuglantes et les carreaux blancs... . Londres.... Londres.... Londres....

À travers tout cela, il y avait un fil conducteur de lutte et de détermination consciente qui l'empêchait de souffrir et l'empêchait de succomber. Au fond de son cœur, elle savait qu'elle ne le pouvait pas ; qu'elle s'était échappée; que ce ne serait jamais pour elle une chose affreuse, terrible, accablante d'être une femme.

Avec cette connaissance vint une exultation, une fierté, un sentiment triomphant d'avoir surmonté un péril presque mortel, dont la pleine nature n'avait pas encore été révélée. Et elle avait lutté seule pour y parvenir. Sa haine enfantine de sa féminité avait disparu. Elle l'acceptait, s'en glorifiait comme son instrument et savait qu'elle ne s'y perdrait jamais.

toujours dans son esprit associée à l'évasion de prison de Kropotkine, et elle était pleine d'une gratitude ravie envers le petit libraire qui lui avait prêté le livre, le deuxième volume, le premier ayant été emprunté.

Sa compréhension s'était incommensurablement accrue grâce à cette soudaine convulsion de sa vie, et elle était très fière de la fidélité à son instinct qui l'avait fait lutter seule pour y faire face ; et maintenant, quand elle voyait les femmes absorbées par les choses extérieures, elle savait qu'elles s'y étaient réfugiées contre de telles convulsions dans lesquelles, si elles avaient tenté d'y faire face, elles auraient dû être submergées. Elles s'accrochaient aux choses extérieures pour ne pas se perdre dans le tourbillon du monde intérieur de la féminité... Ah ! Il était suprême d'être une femme, de contenir les manifestations les plus féroces et les plus puissantes de la vie, de sourire et de distiller toutes ces forces violentes en charme, de souffrir et de transformer toute souffrance en beauté visible.

Si Clara avait désormais une légère pitié, c'était pour les hommes, qui vivent toujours dans la fantaisie, attirés par leurs propres imaginations dans le vain effort pour résoudre le mystère dont seule une femme vraie et loyale a la clé.

Lorsqu'elle reprit contact avec sa vie extérieure , ce fut par la librairie, où elle retrouva son ami le libraire en train de grignoter son déjeuner de biscuits au blé et de pommes dans la petite pièce crasseuse située à l'arrière de sa boutique.

Il lui offrit une pomme. Elle le prit et s'assit sur une pile de livres attachés avec une corde.

« Vous avez l'air jolie, » dit-il.

"Je pense que je vais venir et être ton assistant."

« Un brave jeune homme comme vous ?

« Je pourrais rencontrer quelqu'un comme Kropotkine.

'Ah! N'est-ce pas génial ? Aucun de vos Dumas et Stevenson ne peut battre cela ; un événement réel dans notre propre vie... Mais je n'ai pas les moyens d'avoir un assistant.

'Oh! Il semble qu'il y ait toujours beaucoup de monde dans votre magasin.

"Ces maudits éditeurs mettent leurs prix de plus en plus haut sur le pauvre libraire, et mon cerveau est tout mon capital, et je ne vendrai pas ce qui s'est avéré comme des pains de savon, même si les auteurs peuvent être aussi célèbres que le vieux Nick et les éditeurs peuvent passer dans leurs voitures et construire leurs châteaux à la campagne... Je vends mes livres toute la semaine, et je cultive ma propre nourriture sur ma propre parcelle le dimanche, et je gagnerai jusqu'à ce que je sois posés en terre, et j'ai une pile de livres pour me retenir quand je serai mort, comme ils l'ont fait de mon vivant.

Il fourra une tranche de pomme dans sa bouche et la mâcha, un défi rose à un monde désordonné brillant sur ses joues saines.

Sur son bureau, Clara voyait son livre de comptes, une pile de factures et de vieux chèques, et il n'était pas difficile de deviner la cause de son ennui.

« Je suis sûr que je devrais vendre vos livres pour vous.

« Vous attireriez tout Londres dans ma boutique, jeune fille , comme vous les attireriez au théâtre ; mais la librairie est un métier poussiéreux et n'est pas réservé aux beaux esprits ni aux belles personnes.

Clara regarda dans le magasin et fut heureuse de sa convivialité. Un homme maigre et affamé entra, acheta un journal et resta à feuilleter les livres. Elle ne pouvait pas voir son visage, mais quelque chose dans ses mouvements révélait une qualité d'esprit et une conscience précise. Il saisit un livre avec une maîtrise familière, comme s'il pouvait savourer et peser son contenu du bout des doigts, le feuilleta et le rangea comme s'il s'en débarrassait définitivement. Il y avait une concentration concentrée dans tout ce qu'il faisait, ce qui le rendait définitif et définitif. Il était si sensible qu'à l'approche d'une autre personne il s'éloignait comme pour éviter un choc désagréable... Il était très minable, mais distingué et original. Après avoir pris une demi-douzaine de livres sans y trouver le moindre attrait, il s'arrêta, réfléchit et quitta le magasin, de toute évidence, ayant clairement en tête un but nécessaire et inévitable.

Son départ fut un déchirement pour Clara, tant elle était entièrement absorbée par lui ; mais même si elle désirait connaître son nom, elle ne pouvait se résoudre à demander à son vieil ami qui il était. Cela n'avait pas d'importance. Il l'était, et Charing Cross Road était devenu un lieu sacré grâce à une expérience profonde, la librairie une pièce plus sainte que toutes les autres.

Pendant encore quelque temps, Clara resta assise en silence avec son vieil ami, qui alluma sa pipe d'après-déjeuner et resta assis les jambes croisées, clignant des yeux et ruminant. Elle regarda fixement la boutique, et il semblait toujours que la silhouette remarquable se tenait là, feuilletant les livres, réfléchissant, décidant. Ses émotions la parcoururent, l'élevèrent et elle eut la sensation d'être délicieusement intime avec tout ce qui est animé et inanimé. Elle toucha le bureau à côté d'elle, et il lui sembla que la vie picotait entre ses doigts dans le bois. Elle sourit au vieil homme, et ses yeux se contractèrent, et il lui fit un petit signe de tête joyeux. Elle voulait lui dire que le monde était un endroit très merveilleux, mais elle ne pouvait que continuer à sourire, et en sortant de la boutique, le libraire lui mit son chapeau sur la nuque, se gratta la barbe et dit :

« Des chevilles ! J'ai dit à Jenny qu'elle me porterait chance. Mais elle est gâchée par ce birkie ça serait un seigneur.

IX

LA MAGIE

Une ville conviviale semblait Londres à Clara alors qu'elle quittait le magasin. Un vent frais soufflait et elle resta quelques instants à boire l'air vif. Le ciel était plein de nuages, gris, blancs et cannelle sur le bleu enfumé, alors qu'elle se tournait vers le sud avec des yeux nouvellement avides de beauté et de convivialité. Au-dessus des toits, la statue de Lord Nelson se dressait dans une élévation absurde au-dessus du Londres qui bafouait son Emma, et Clara riait en voyant le petit bonhomme gris au bicorne symbolisant pour elle la délicieuse absurdité de Londres, où rien ni personne ne pourrait jamais être. de la plus petite importance dans son immensité... C'était son charme, qu'un individu puisse y ressentir l'indifférence de l'humanité exactement comme sur une colline l'indifférence de la nature peut être ressentie. Une ville d'étrangers ! Tout le monde était étrange pour tout le monde. C'était bon et sain. À Londres, rien n'était exposé, rien n'était habillé pour le touriste. En vivant dans des chambres à Londres, on pourrait être aussi seul que dans une cabane en pleine nature.

Elle se dirigea vers l'Imperium et, entrant par la porte de la scène, trouva Charles en conversation animée avec l'artiste scénique, M. Smithson, qui regardait un dessin et se grattait la tête d'un air dubitatif.

« C'est astucieux, M. Mann, mais ça n'a rien à voir avec le bord de mer. Sir Henry voudra certainement que ses vagues soient « coupées », et le soleil devrait lui ressembler un peu.

«C'est mon projet, M. Smithson. Sir Henry a dit que vous le peindriez. Si tu ne le fais pas, je le ferai moi-même... Ah ! Clara, viens expliquer à M. Smithson ce que nous voulons.

Smithson se tourna avec colère.—

« Il me donne un dessin fleuri avec des violets, des ors et des bleus et toutes les couleurs sauf les couleurs naturelles d'un endroit en bord de mer. Je peins des décors depuis trente ans et je devrais maintenant savoir à quoi ressemble une île-scène. J'ai réalisé une douzaine de décors pour *The Tempest* au cours de ma carrière.

«C'est une île enchantée», dit Clara.

"Mais Prospero était duc de Milan... Je suis *allé* en Méditerranée pour voir par moi-même et je sais quelle est la couleur ... Je ne peux pas croire que Sir Henry ait réussi cela. Dieu sait quel genre d'éclairage il faudra.

Charles jeta son chapeau par terre et piétina dessus.

'Balourd! Idiot! Idiot!' il cria. "Va-t'en et peins-le comme je te dis de le peindre."

"Merde si je le fais", a déclaré Smithson. « Mon entreprise a peint tous les décors de ce théâtre depuis que Sir Henry l'a pris, et nous avons eu notre nom au programme , et nous avons une réputation à perdre. Quand Shakespeare parle d'une île, il parle d'une île, pas du cratère d'un volcan en fleurs....'

Charles arracha son dessin des mains de M. Smithson, et avec une expression d'extrême agonie il dit :

« Clara, tu m'as entraîné dans ce théâtre infernal. Voudriez-vous, s'il vous plaît, veiller à ce que je ne devienne pas fou ? Suis-je un artiste ?

« Vous êtes peut-être un artiste, M. Mann, dit M. Smithson, mais je suis un peintre de scènes pratique. Je peignais des paysages avant ta naissance. J'avais trois ans dans l'atelier de mon père lorsque j'ai appliqué ma première touche de peinture pour la Vallée des Diamants pour Drury Lane, à l'époque de Gustus Harris.

La dispute aurait pu durer indéfiniment, mais heureusement, Sir Henry descendit les escaliers avec Lady Butcher. Il était impeccablement vêtu d'une redingote et d'un haut-de-forme, d'un pantalon de cachemire gris et d'un gilet blanc pour assister avec sa femme à une réception à la mode. Avec une profonde révérence, il ôta son chapeau très brillant et dit à Lady Butcher :

«Mon cher, M. Charles Mann.»

Lady Butcher hocha brièvement la tête.

« Ma chère, Miss Day… »

« Che-armant ! » » dit Lady Butcher d'une voix traînante, tendant la main très haut en l'air. Clara l'atteignit et la secoua vivement.

" M. Smithson n'aime pas le dessin de Charles pour la scène de la grotte ", a déclaré Clara. « Il ne peut pas vraiment le voir, vous savez, parce que c'est un peu différent.

« Je n'en ai pas pour une minute, ma chère », dit Sir Henry, et Lady Butcher sortit dans la rue.

« Qu'y a-t-il, Smithson ?

«Nous n'avons jamais fait quelque chose de pareil auparavant. Il n'y a rien de tel dans la nature.

« Il n'y a rien de comparable à Caliban dans la nature », dit doucement Clara, et Sir Henry saisit son allusion, regarda Smithson d'un air renfrogné et grogna :

«Je l'ai réussi. Si cela nécessite des modifications, nous pourrons le régler lors de la répétition. Poursuivre. Je veux le voir avant de partir.

"Mais il n'y a pas de mesures, Sir Henry."

"Vous savez ce que nous pouvons faire et ce que nous ne pouvons pas faire."

« Très bien, Sir Henry. » M. Smithson a mis son chapeau melon et s'est enfui.

Charles se pencha pour ramasser son chapeau cabossé, et Sir Henry saisit le bras de Clara, le serra fort, regarda par la porte sa magnifique épouse et poussa un énorme soupir. Clara, dans son incroyable nouveau bonheur, lui sourit et il marmonna :

« Vous grandissez en beauté chaque jour. A-ah ! Bonjour, Mann. Le théâtre est à votre disposition.

Il fixa un instant Clara des yeux, puis s'éloigna.

Il y avait une ou deux lettres pour elle dans le casier. Elle les descendit et se tourna pour trouver Charles, après avoir lissé son chapeau, debout, triste, regardant à travers son pince-nez.

« Ces gens sont vraiment trop occupés pour moi », dit-il. « Tout le travail que j'ai accompli ne semble rien pour eux. J'ai eu une mauvaise passe avec Butcher il y a deux jours, et maintenant, ce Smithson est trop pour moi. Ils me traitent comme un tailleur et s'attendent à ce que je découpe mon décor pour l'adapter à leur théâtre... J'aimerais que tu reviennes, poulet. Je suis dans une terrible confusion. J'ai travaillé jusqu'à ne plus pouvoir voir, et j'ai lu *La Tempête* jusqu'à ce que mon esprit soit aussi salé qu'un aiglefin séché... Mais j'ai dessiné un merveilleux Caliban, en partie poisson, en partie grenouille, en partie. homme... La vie émergeant de la mer. Je suis sûr maintenant que nous sommes tous nés de la mer et que la vie sur terre n'est que ce qui reste après que le soleil l'a séchée....'

Clara le regarda avec appréhension. Elle se sentait toujours responsable de lui, mais elle ne faisait plus partie intégrante de lui. Elle était libre de son imagination et pouvait la critiquer.

« Peu importe, Charles, dit-elle. « Allons voir la scène, et tu pourras me dire ce que tu as prévu, et ensuite nous sortirons, discuterons et déciderons de ce que nous ferons pendant les vacances. J'ai promis d'aller passer quelques jours chez Sir Henry dans les Lacs, et Verschoyle a promis de m'y amener en voiture.

Les doigts de Charles tâtonnaient assez faiblement autour de ses lèvres, et elle vit avec détresse qu'il s'était encore rongé les ongles.

« Tu ne reviens jamais, mon poulet, mon amour ? ... Je suis désolé que nous soyons venus à Londres maintenant. Nous aurions dû aller en Sicile comme je le voulais. On peut vivre dans de tels endroits. Ici, tout le monde est si pragmatique, si déterminé, si habitué à agir et à penser d'une manière particulière.

« Est-ce qu'il s'est passé quelque chose ? » demanda Clara, sachant qu'il n'était jamais critique sans raison.

«Non», répondit-il assez brièvement, «non».

Elle était plutôt irritée par lui. Il n'avait pas le droit d'être aussi stupide et impuissant que de se laisser humilier en le tirant de sa dispute avec Smithson, dans laquelle il n'aurait jamais dû s'engager. Smithson n'était après tout qu'une sorte de commerçant.

Ils montèrent sur scène et Charles se montra éloquent sur le décor qu'il avait conçu. L'éloquence avec Charles était plutôt une performance athlétique. Il sortit un mètre ruban de sa poche et courut avec, faisant des marques à la craie sur les planches.

La porte panoramique était ouverte et la lumière du soleil entrait sur lui en un grand rayon, et Clara, le regardant, fut soudain très douloureusement désolée pour lui. Il s'excitait dans un enthousiasme lancinant, des torrents de mots coulaient de ses lèvres, tandis qu'avec d'étranges gesticulations il décrivait les rochers imposants, les arbres tordus par le vent, l'enchevêtrement de citrons, la lumière bleue illuminant la grotte du magicien, la lumière dorée qui devrait traîner près de l'île rocheuse qui surgit de la mer. Il parlait de tout cela, tandis que le soleil brillait à travers ses longs cheveux jaunes et révélait ses mèches d'argent . forme sur scène.

Clara, en l'observant, s'aperçut qu'il était né acteur. Il foulait la scène avec des pieds aimants et avec un mouvement tout différent de celui qu'il utilisait dans la rue ou parmi les gens qui n'étaient pas du théâtre. C'était sûrement le vrai Charles. La lumière du soleil sur lui était inappropriée. Cela se moquait de lui et révélait inexorablement qu'il n'était plus jeune. La porte du décor était fermée et la discordance cessa, mais plus clairement que jamais Charles se révéla comme un acteur foulant avec aisance et affection son élévation natale. L'influence du lieu l'affecta lui-même, et après avoir construit son décor imaginaire autour de lui, il dit :

"L'un des premiers rôles que j'ai joué était celui de Ferdinand titubant sous des bûches de bois."

Il prit un journal imaginaire et récita :

« Ma tâche mesquine me serait
aussi lourde qu'elle est odieuse ; mais la maîtresse que je sers vivifie ce qui
est mort et rend mes travaux agréables : Oh ! elle est
dix fois plus douce que la grincheuse de son père ;
Et il est composé de dureté. Je dois enlever quelques milliers de ces bûches
et les empiler, Sur une injonction douloureuse : ma douce maîtresse Pleure
quand elle me voit travailler ; et dit qu'une telle bassesse n'a jamais été
comme exécuteur testamentaire.

Il produisait l'illusion de la jeunesse, et sa voix était si envoûtante que Clara,
comme Miranda, pleurait en le voyant... Il rejeta son rôle avec un grand cri,
se précipita sur elle et la prit dans ses bras.

« Poulet, dit-il, ne soyons plus stupides. Nous avons gagné. Nous voici au
théâtre. Nous avons conquis la scène, et bientôt tous les sièges seront remplis
de gens enthousiastes qui demanderont : "Qui sont ces merveilles ? Est-ce
possible ? Ce ne sont sûrement que Charles et Clara Mann ?"

« Jour », dit-elle.

Il tapa du pied avec impatience.

'Qu'est-ce qu'il y a dans un nom? Journée, si tu veux. Les artistes peuvent et
doivent faire ce qu'ils veulent. C'est notre vraie vie, ici où nous faisons de la
beauté. Le reste est destiné aux employés municipaux et aux agents de change
qui ne peuvent pas se permettre de se comporter décemment s'ils ne
disposent pas d'un ensemble parfait de règles auxquelles ils ne peuvent
échapper.

'Je ne veux pas en parler. Continuez votre travail, Charles.

« J'ai fini pour aujourd'hui... Me laisserez-vous vous emmener dîner ?

'Non. J'ai promis à Verschoyle .

'Condamner! Tu ne devrais pas être autant vue avec lui. Les gens diront que
vous m'avez quitté pour son argent.

"Je pensais que les artistes ne se souciaient pas de ce que les gens disaient."

— Ce n'est pas le cas, Clara. Ce n'est pas le cas.

« Vous devez être raisonnable, Charles. Vous n'êtes pas en sécurité. Vous ne
pouvez pas prendre de risques tant que vous n'avez pas réussi.

« Alors je ne réussirai pas. Je ne vais pas continuer... Une chose très
malheureuse est arrivée. Clott a disparu avec tout l'argent en banque... Je l'ai
laissé signer les chèques.

'Oh! Oh! imbécile, Charles.

«Il n'arrêtait pas de recevoir des chèques de ma part.»

'Comment?'

«Il a dit qu'il le dirait à la police.»

Clara tapa du pied. Abominable! Comme les gens étaient abominables... Elle devait protéger Charles, mais si elle était avec lui, elle l'exposait aux risques les plus effrayants. Une fille a-t-elle déjà été dans une situation aussi exaspérante ?

Ce qui a aggravé la situation, c'est que son attitude à son égard avait changé. Elle n'était plus tellement absorbée par lui qu'elle ne pouvait voir la vie qu'à travers ses yeux. Sans lui, elle avait grandi et développé sa propre existence indépendante.

« Combien a-t-il pris ? »

« Deux cent dix livres. Nous ne pouvons pas le poursuivre, sinon il le dira. Il le sait, sinon il ne l'aurait pas fait.

'Où est-il?'

'Je ne sais pas. Laverock l'a rencontré l'autre jour et l'a interrogé sur certaines affaires du comité. Il a eu l'impudence de dire qu'il avait démissionné et qu'il était devenu riche, de sorte que son nom n'était plus Clott mais Cumberland.

Et encore une fois Clara se retrouva dans son cœur à dire : « C'est ma faute. »

C'était très bien pour Charles de croire que le monde était gouverné par la magie. L'art est magique, mais elle aurait dû savoir que c'est une magie qui n'opère que chez un très petit nombre, et que ceux qui ne sont mûs que par la ruse en profitent toujours... Pauvre Charles ! Trahi à chaque instant par sa propre simplicité, trahi même par son empressement à l'aider !

«C'est dommage», dit Clara, les larmes aux yeux. « Nous ne pouvons rien faire. D'ailleurs, je n'enverrais jamais personne en prison, quoi qu'il fasse. Mais quel sale petit crapaud... Comment l'a-t-il découvert ?

'Je ne sais pas. C'est le genre d'homme qui traîne au théâtre et emprunte cinq shillings le vendredi soir.

Fini la magie de la scène, fini le pouvoir de Charles. Il avait juste l'air d'un type fatigué et miteux, plus qu'un peu honteux de lui-même. Il baissa la tête et marmonna :

« Cela arrive toujours quand je suis riche. J'en ai été terriblement mécontent. Je ne pensais pas pouvoir te le dire. Hier, je suis allé dans un magasin pour acheter un revolver, mais j'ai plutôt acheté un cadre photo, car l'homme était si aimable que je ne supportais pas l'idée qu'il m'aide à mettre fin à mes jours.... J'ai l'impression de tout embrouiller Je touche, et pourtant personne n'a jamais osé dire que je ne suis pas un grand artiste.

Clara s'éloigna de lui à travers la scène. Il y avait eu des confusions auparavant, mais rien de si grave que cela.

En marchant, elle découvrit qu'en le regardant, elle avait appris l'art de monter sur scène et de devenir ce quelque chose de plus qu'elle-même qui est nécessaire à la présentation dramatique. Cette acquisition soudaine lui procura un frisson ravi, et une fois de plus sa vie fut inondée de magie, de sorte que ce nouveau problème, comme son ancien, semblait très éloigné, et elle pouvait comprendre que Charles prétende qu'il devait mettre fin à ses jours, même au point de il essayait d'acheter un revolver, ce qui devenait impossible dès qu'on lui parlait gentiment. Elle se sentait en confiance et en sécurité et dans le théâtre qui était un sanctuaire que rien du monde extérieur ne pouvait violer.

« Ne t'inquiète pas, Carlo, dit-elle. "Je veillerai à ce que tout soit mis au clair."

« Alors tu reviendras et arrêteras ces absurdités sur le fait de vivre seul ? »

« Quand *La Tempête* sera terminée, nous verrons cela. Je ne veux pas prendre ce risque. Ce qui compte maintenant, c'est *la Tempête* .

« Est-ce que tu vas y jouer ?

"Je ne sais pas encore... Veux-tu sortir dans l'auditorium et me dire ce que tu penses de ma voix ?"

Charles entra dans le cercle vestimentaire, et Clara, pratiquant son art nouvellement acquis, se tourna vers un Ferdinand imaginaire – plus vivant et plus réel pour elle maintenant – et déclama :

'Je ne connais pas
Un de mon sexe !' Aucun visage de femme ne se souvient, sauf celui de
mon verre, le mien ; et je n'ai pas vu d'autres hommes que vous, bon ami, et
mon cher père, pour appeler des hommes ; mais, par ma modestie, —
le joyau de ma dot, — je ne souhaiterais aucun autre compagnon au monde
que vous.

Elle s'est arrêté. Le Ferdinand vivant et réel de son imagination se transforma en l'homme maigre et affamé de la librairie. Il se tourna vers elle et son visage était noble dans sa souffrance, puissant et fort pour supporter le fardeau de l'esprit qui se trouvait derrière lui. L'expression de ses yeux était très douce et douce, contrastant de la manière la plus pathétique avec la dureté rude qu'une maîtrise de soi passionnée avait façonnée sur ses traits. j'aimais son visage sur lequel de sa vie ses yeux ne s'étaient jamais posés.

« Continuez », a appelé Charles, du cercle vestimentaire… « Admirable…. Je n'aurais jamais pensé que vous pourriez le faire. »

— Ça suffit, répondit-elle avec un violent effort pour se libérer de sa perplexité et de sa douce angoisse.

« Si je le rencontre, dit-elle dans son cœur, je l'aimerai et il n'y aura rien d'autre.

Elle dit à haute voix :

'Je ne dois pas.'

Elle s'était appliquée à promouvoir l'ambition de Charles, et tant qu'elle n'aurait pas réussi , elle ne céderait pas et ne chercherait pas dans la vie aucun avantage ni même aucun accomplissement naturel.

Charles revint tout excité.

«C'était merveilleux», dit-il. 'Qu'est ce qui t'es arrivé? Votre voix est si pleine et ronde. Vous vous perdez entièrement, vous parlez avec une voix qui a toute la couleur , la beauté et l'enchantement de mon île. Vous bougez simplement, inévitablement, pour que chaque geste soit rythmé, et comme un accompagnement musical des mots…. Vous serez un artiste. Vous êtes un artiste. Il n'y a rien eu de pareil depuis les temps anciens... Duse ne pouvait pas faire plus avec sa voix.

«Je ne savais pas», dit-elle. «Je ne savais pas.»

«Mais je l'ai fait», cria-t-il. 'Je l'ai fait. Je savais que tu deviendrais une merveille…. Embêtez l'argent, embêtez Butcher, embêtez Clott, et au diable le comité. Ensemble, nous serons irrésistibles, comme nous l'avons été. Vous ne m'avez pas dit que vous pratiquiez . Si c'est pour cela que tu veux être seul, je n'ai rien à dire contre cela. J'ai été une brute égoïste.

Elle a été profondément émue. Jamais auparavant Charles n'avait manifesté la moindre pensée pour elle. Les êtres humains en tant que tels n'étaient rien pour lui, mais pour un artiste, comme pour l'art, aucun problème n'était trop grand, aucun sacrifice n'était trop extrême pour lui.

Il lui saisit les mains et les embrassa encore et encore.

«J'ai été votre premier public», dit-il. « Sortez maintenant et je vous achèterai des fleurs ; votre chambre sera si pleine de fleurs que vous pourrez à peine vous y déplacer. Quant à Verschoyle , il paiera. Ce sera son privilège de payer pour nous pendant que nous donnons au monde le trésor inestimable qui est en nous.

Ses paroles la repoussèrent et la blessèrent, et dans son esprit secret elle protesta :

« Mais je suis une femme. Mais je suis une femme.

Cela lui faisait cruellement mal que Charles soit aveugle à cela, aveugle au changement cataclysmique en elle, aveugle à sa nouvelle beauté et à sa nouvelle force de caractère. Après tout, la magie de la scène n'était qu'une illusion, un truc qui, s'il n'était pas une floraison de la magie la plus profonde du cœur, était vide, vain, méprisable, une chose d'obscurité et de cajolerie.

«Peut-être que c'était juste un accident», dit Clara.

'Refais-le!' » dit Charles d'un ton autoritaire.

'Quoi?'

'Refais-le!'

'Je ne peux pas.'

« Refais-le, je te le dis. Quand vous faites une chose pareille, vous devez découvrir comment vous l'avez fait. L'art n'est pas le fruit du hasard. Vous devez recommencer maintenant.

'Non.'

À sa grande horreur et stupéfaction, il se jeta sur elle, la saisit brutalement par les épaules et la secoua jusqu'à ce que sa tête roule d'un côté à l'autre et qu'elle claque des dents. Il était fou de passion, impitoyable, impersonnel dans sa fureur d'attraper et de retenir ce trésor d'art qui était si soudainement apparu chez l'enfant qu'il avait jusqu'alors considéré comme aussi important que son chapeau ou sa canne.

" Par Jupiter, dit-il, j'aurais pu savoir que ce n'était pas pour rien que je t'avais repêché dans l'atelier de Picquart ... "

« Comment oses-tu me parler comme ça ?

Elle lui repoussa les mains et frémit d'une fureur indignée, et le frappa avec sa langue.

"Je ne suis pas une peinture que l'on peut extraire d'un tube", a-t-elle déclaré. « Vous traitez les gens comme s'ils n'étaient que cela et ensuite vous vous plaignez s'ils vous attaquent... Je sais ce que vous voulez. Vous voulez me soutirer ce qui manque à votre propre travail....'

Charles chancela sous cet assaut et ses bras tombèrent mollement à ses côtés.

« Pardonnez-moi, dit-il, je ne savais pas ce que je faisais. J'étais sidéré par mon étonnement et ma joie... Vraiment, vraiment, j'avais oublié que la scène était vide. Je pensais que nous travaillions....

Clara le regarda. Pouvait-il vraiment se perdre à ce point dans la pièce ? Ou était-il seulement en train de se persuader qu'il en était ainsi ? ... Avec une intuition soudaine, elle comprit qu'en toute innocence il lui mentait, et que ce qui l'avait mis en colère était de savoir, qu'il ne pourrait jamais admettre, qu'elle n'était plus une enfant vivant heureuse dans son imagination mais une humaine. être et une artiste qui était entrée dans sa propre possession royale. Elle l'avait devancé. Elle était devenue une artiste sans perte d'humanité. Elle doit désormais se débrouiller avec les réalités, le laissant à sa momie peinte... Elle pouvait comprendre sa frénésie, sa fureur, son désespoir.

«Ça fera l'affaire, Charles,» dit-elle très doucement. « Je verrai ce qui peut être fait au sujet de M. Clott, et quoi qu'il arrive, je veillerai à ce qu'il ne vous soit pas fait de mal... Si vous le souhaitez, vous pouvez dîner avec Verschoyle et moi ce soir. Tu peux rentrer à la maison avec moi maintenant, pendant que je m'habille. Je dois le rencontrer au Carlton et ensuite nous irons à l'Opéra.

« Est-ce que Verschoyle est au courant ?

« Il sait que tu es toi et que je suis moi – c'est tout ce qui l'intéresse... C'est un homme bon. Si les gens doivent avoir trop d'argent, il est la bonne personne pour l'avoir. Il ne laisserait jamais tomber un homme faute d'argent, si cet homme en valait la peine.

«Ah!» dit Charles rassuré. C'était comme si la vieille Clara parlait, mais avec plus d'assurance, une connaissance plus certaine et une intuition et des conjectures moins déroutantes.

X

LES LACS ANGLAISES

Quelques semaines plus tard, avec Verschoyle et une de ses parentes pauvres, une Miss Vibart Withers, pour chaperon, Clara quitta Londres dans une Fiat de 60 ch , qui dévorait voracement Bath Road au rythme d'un mile toutes les minutes et demie. ... C'était bien d'être hors de la chaleur épaisse de Londres, envahie par les étrangers et les provinciaux et transformée en une ville de plaisir et de robes d'été, de sorte que sa vie normale était submergée, son caractère caché. La ville devenait un spectacle aussi paresseux et somnolent qu'un champ de coquelicots sur lequel dansaient des papillons gais et brillants. Il était alors très doux de s'en détourner, et de tout ce qui s'y passait, vers l'air doux et de voler entre les champs verts et les vergers, à travers les petites villes, de temps en temps pour traverser la Tamise et ressentir cela à chaque traversée. Londres était bien plus loin. Henley, Oxford, Lechlade et les Cotswolds — c'était le premier jour, et, respirant l'air parfumé au trèfle, regardant les plaines bleues jusqu'aux collines bosselées de Malvern, Clara rejeta la tête en arrière et rit de joie... Comme c'est merveilleux de se libérer de tout en un seul jour, de laisser derrière soi toutes les entraves !

« Personne n'a besoin d'avoir de problèmes maintenant », dit-elle avec ce sourire envoûtant qui rendait toutes ses découvertes si envoûtantes. «Quand les gens sont noués, ils n'ont qu'à monter dans une voiture et s'en aller. Le monde est assez grand pour tout le monde.

"Mais les gens aiment leurs ennuis", répondit Verschoyle . « J'ai cherché les ennuis toute ma vie, mais je ne les trouve pas. C'est mon problème.

"Tout le monde devrait être heureux", a-t-elle déclaré.

'À leur façon. La plupart des gens sont très satisfaits de leurs problèmes. Ils s'en soucieront bien plus que de leurs plaisirs ou du bonheur des autres.

« Vous souvenez-vous des oiseaux et des poissons ?

« N'est-ce pas ? Ce sont les oiseaux et les poissons qui vous ont fait connaître.

« Je pense que c'était ce que Charles voulait dire par eux : évasion, manque de pertinence, vacances.

« C'est tout à fait vrai. Rien ne devrait être aussi grave qu'il l'est, car rien n'est aussi grave qu'il y paraît quand on s'y attaque vraiment. La vie ressemble toujours à un mur blanc jusqu'à ce que vous y arriviez et puis il y a une petite porte qui était invisible de loin... Je l'ai découvert en vous rencontrant.

« Et est-ce que vous l'avez vécu ? »

« De part en part et de l'autre côté. »

Clara lui prit la main affectueusement et leurs regards se croisèrent dans un sourire heureux. Ils étaient amis pour toujours , la relation la plus parfaitement adaptée à son tempérament, la plus nécessaire au sien.

De là, elle passa à une discussion franche de sa propre situation à l'égard de Charles et du trou dans lequel il se trouvait à cause de la fuite de M. Clott.

«Je savais que cet homme était un scélérat», dit Verschoyle . «Il a essayé de m'emprunter de l'argent et de me mettre en valeur sur la forme de mes chevaux. Comment diable a-t-il pu devenir secrétaire d'un comité pour le développement de l'art dramatique ?

« Il est arrivé. Tout se passe dans la vie de Charles. *Je* suis arrivé.

« Et votre nom est-il vraiment Day ? »

« C'était le nom de mon grand-père... Je n'ai jamais eu quelqu'un d' autre. Je ne me souviens de personne d'autre qu'une infirmière italienne, au visage très brun et aux dents très blanches. Il est décédé à Paris il y a quatre ans. Mon peuple était en Inde.

'Ah! Des familles se perdent parfois dans les différentes parties de l'Empire britannique. C'est tellement grand, tu sais. Je suis sûr que les Anglais s'y perdront un de ces beaux jours.

Il a laissé tomber sans un mot sa position d'épouse et de non-épouse, mais est devenu seulement plus gentil et plus attentionné. Cela l'avait apaisée et soulagée d'en parler. Tous les obstacles à leur amitié étaient supprimés, mais parfois, alors qu'ils traversaient les champs, il serrait très fort son bâton et s'en prenait à une pruche ou à une marguerite, et parfois, lorsqu'il conduisait, il enfonçait son pied sur l'accélérateur et faire tourner la voiture. S'ils avaient rencontré Charles marchant sur la route, il aurait eu un malaise.

Ils durent six jours pour parcourir le Shropshire, le Cheshire et les ténèbres du sud du Lancashire. Ils séjournaient dans d'agréables auberges et faisaient de nombreuses connaissances étranges, des voyageurs, des touristes, des jeunes hommes avec un sac sur le dos fuyant les grandes villes, et parfois ils aidaient ces jeunes gens à parcourir de tristes tronçons de route.

«Les six jours les plus heureux de ma vie», dit Verschoyle alors qu'ils approchaient des montagnes. « Je n'ai jamais tourné en Angleterre auparavant. D'une manière ou d'une autre, à Londres, on ne sait rien de l'Angleterre. On s'ennuie et on va à Homburg ou à Aix-les- bains . Comme la vie est étroite, même avec une voiture et un yacht !

Clara découvrit bientôt à quel point la vie pouvait être étroite chez les Bouchers, où la vie londonienne se poursuivait simplement dans une jolie vallée au fond de laquelle s'étendait un petit lac brillant comme un miroir et reflétant vivement les collines au-dessus de lui.

Les Bouchers avaient une maison longue et basse dans un jardin exquis, aménagée de manière théâtrale de telle sorte que les fleurs semblaient peintes et que les arbres n'avaient pas de racines, mais étaient comme attachés et repassés à la terre. Depuis leur jardin, les collines mêmes avaient l'apparence d'une toile de fond.

La maison était pleine de jeunes hommes et femmes élégants qui entraient et sortaient du théâtre et n'avaient aucun scrupule à interrompre même les répétitions. Ils plaisantaient Sir Henry et nourrissaient Lady Butcher de scandales pour le plaisir de l'entendre dire des choses spirituelles et mordantes qui, comme elle n'avait aucune pitié, lui venaient facilement aux lèvres. Elle traitait soigneusement Clara comme si elle faisait partie intégrante de Verschoyle et devait être hébergée comme sa voiture ou son chauffeur... Sauf en tant qu'atout social, Lady Butcher détestait le théâtre et elle détestait les actrices.

À mesure que les jours passaient – pour une fois, d'une certaine manière, le temps à Westmoreland était délicieux – il devint évident pour Clara que Lady Butcher détestait le projet de production de Charles de *La Tempête* . Elle ne manquait jamais une occasion de le poignarder avec sa langue. Elle le considérait comme un vagabond.

Vivant elle-même dans un milieu très serré et étroit, elle respectait plus les cliques que les personnes. Verschoyle était assez riche pour vivre en dehors d'une clique, mais qu'un homme ayant une carrière à faire vive et travaille seul était à ses yeux une sorte de blasphème. Quant à Clara, Lady Butcher la considérait comme une friponne, une actrice de conception, l'une des nombreuses qui avaient tenté de détourner Sir Henry de l'aspect social vers l'aspect professionnel du théâtre, que, en quelques mots, Lady Butcher considérait comme son propre, une sorte de salon qui lui donnait un avantage unique sur ses rivales dans le concours d'hôtesse de Londres .

Lady Butcher était d'autant plus ennuyée que Clara et Verschoyle se présentaient alors qu'ils le faisaient, car deux ministres du Cabinet devaient un jour se rendre en voiture pour déjeuner, et un éditeur célèbre devait rester quelques nuits, tandis que ses chers amis les Bracebridges (comte et comtesse), avec leur fils et leur fille, devaient leur visite annuelle.

Affligée par cette atmosphère de calcul social, Clara passait la plupart de son temps avec Verschoyle , à se promener sur les collines ou à ramer sur le lac ; mais malheureusement, elle éveilla la jalousie enfantine de Sir Henry, qui, comme il l'avait « découverte », la considérait comme sa propriété et considérait que toute romance qu'elle pourrait désirer devait passer par lui. à toutes les autres demoiselles, et un soir où, après le dîner, il l'emmenait faire une promenade au clair de lune, elle créa un éclat de rire en disant :

« Henry ne peut pas plus résister à l'odeur de la peinture grasse qu'un chien ne peut résister à celle d'un os grillé.

C'était amusant mais injuste, car Sir Henry considérait son désir de fréquenter Clara comme une saine impulsion vers des choses plus élevées - du moins, le lui dit-il en la conduisant à travers le verger et sur le chemin pierreux où coulait un petit ruisseau . , au rocher qui dominait la maison et le jardin. Il était couvert de bruyère et de myrtilles , et juste au-dessous du sommet poussaient deux sorbiers. La lune était si brillante que la couleur des baies était presque perceptible. Sir Henry resta là à contempler la lune et poussa un grand soupir :

« Aa-ah ! »

« Quelle nuit parfaite ! » dit Clara.

« Par une nuit comme celle-ci... »

« Par une telle nuit... »

«J'ai oublié», dit Sir Henry. « C'est chez le *Marchand de Venise* . Quelque chose à propos du clair de lune quand Lorenzo et Jessica se sont enfuis. Tu ferais une Jessica parfaite... J'ai joué Lorenzo une fois.

Clara avait envie de rire. C'était l'un des éléments les plus délicieux du caractère de Sir Henry qu'il ne puisse jamais se considérer aussi vieux, ni comme autre chose qu'un héros romantique.

« Oui, dit-il ; « Vous avez fait toute la différence dans le monde. C'était remarquable de voir à quel point vous brilliez parmi les acteurs de mon théâtre... C'est encore plus remarquable parmi tous ces autres mascarades dans cette maison là-bas. Tout le monde est une scène--'

« Oh non, dit Clara. 'C'est beau. Je ne savais pas que l'Angleterre était si belle. En arrivant vers le nord en voiture, j'ai pensé que chaque comté était meilleur que le précédent – et j'ai complètement oublié Londres.

«Cela fait quelques années que je n'ai pas tourné», a déclaré Sir Henry. « Ma femme n'approuve pas cela, mais il n'y a rien de tel pour vous tenir au courant. Le vrai public est hors de Londres. Quelques années de tournée vous feraient beaucoup de bien. Vous devez d'abord vous faire un nom... Il n'y a plus d'acteurs ni d'actrices maintenant simplement parce qu'ils ne feront pas de tournée. Ils veulent de l'argent à Londres, de l'argent à New York, et c'est dommage qu'ils l'aient.

Clara grimpa jusqu'au point culminant du rocher et resta debout avec le vent doux jouant dans ses cheveux épais, caressant ses lèvres entrouvertes, son cou blanc, liquéfiant sa robe légère autour de ses membres.

'Oh mon Dieu!' s'écria Sir Henry en la regardant avec ravissement. «Ariel!»

Tandis qu'elle se tenait là, elle était prise dans la merveille de la nuit, ne faisait plus qu'un avec elle, un rayon au clair de lune, un soupir dans le vent, une étoile clignotante, un petit nuage flottant au-dessus des sommets des montagnes. Elle était si légère qu'il semblait miraculeux qu'elle ne prenne pas la fuite, presque contre nature qu'elle puisse rester si immobile. Ses lèvres s'entrouvrirent et elle chanta comme elle chantait lorsqu'elle était enfant :

Venez sur ces sables jaunes
et puis prenez la main.

Elle avait une petite voix jeune, douce et grave, une voix de garçon, sans rien de femme du tout.

Elle se pencha en avant et regarda par-dessus le bord du rocher, et Sir Henry, qui était si profondément ému que tous ses processus mentaux ordinaires étaient perturbés, pensa avec une horrible alarme qu'elle allait se jeter à terre. Une telle perfection pouvait à juste titre aboutir à une tragédie, et il pensait avec angoisse à Mann et Verschoyle , pensait qu'ils avaient souillé et déshonoré cette beauté, pensait que cette exaltation et cette abstraction soudaines devaient provenir de l'angoisse qui se trahissait si souvent et si souvent dans ses yeux. fréquemment.

'Prends soin de toi! Prends soin de toi!' appelé Sir Henry.

Elle sauta dans la bruyère à ses côtés, et il dit :

« Cela semble être un crime de vous ramener dans la maison. Qu'avez-vous à voir avec le fait que nous soyons invités ou non à la prochaine garden-party à Downing Street ? Tu es Ariel et tu peux mettre une ceinture autour de la terre... J'ai presque peur de toi. Ne pouvons-nous pas nous enfuir et devenir des joueurs ambulants ? Vous pensez peut-être que je dois être envié, mais ma vie a été très malheureuse.... Je veux vous aider....'

Il était évident pour Clara qu'il ne savait pas ce qu'il disait, et en effet il était léger et abasourdi, élevé hors de son champ d'expérience habituel. Il babillait encore :

"Si je pouvais sentir que j'ai fait la moindre chose pour vous aider, j'en serais plus fier que de toute autre chose dans ma carrière."

"Mais je ne veux pas d'aide..."

'Ah! Vous le pensez maintenant. Mais attendez trois ans... Vous pensez qu'un acteur ne peut rien savoir de la vie, mais qui en sait plus ? N'a-t-il pas réussi à reproduire toutes les subtiles nuances d'émotion, les effets de toutes sortes d'expériences... Les gens qui ne connaissent rien à la vie sont vos artistes cloîtrés comme Mann, ou votre Verschoyle noyé dans l'argent... Vous avez je ne me connais pas encore.

En réalité, il devenait plutôt ridicule avec son romantisme enfantin. Il s'était marié deux fois et ses deux familles étaient au nombre de sept. Mais Clara aussi était sous le charme de la lune, et sa réaction gauche à son humeur l'avait touchée.

« La vie est une misérable affaire pour une femme », a déclaré Sir Henry. «Je vis dans la crainte que vous ne soyez entraîné dans l'expérience commune.»

(Est-ce qu'il savait ou non pour Charles ?)

Clara a ri. Cela la prenait trop au sérieux.

"Ah, tu peux rire maintenant quand tu es jeune, mais la jeunesse attire , elle est entraînée dans le tourbillon et se perd... Y a-t-il plus en toi que la jeunesse ?"

«Beaucoup plus encore», dit Clara avec exultation. "Il n'y a jamais eu quelqu'un comme moi auparavant."

« Par le Ciel ! jura Sir Henry. "C'est vrai... Vous m'avez ensorcelé... et nous ferions mieux de rentrer à la maison... Me laisserez-vous vous emporter ?"

Sans attendre sa permission, il la souleva et elle se laissa porter par le dernier chemin pierreux, car ses chaussures fragiles étaient déjà mouillées. Il ne devinait pas qu'elle avait de bonnes raisons, et son cœur battait à tout rompre dans sa large poitrine.

Cela avait été une nuit de nuits pour lui. Des années de distractions inquiètes avaient fondu. Même au faîte de son succès, il ne s'était pas senti si confiant, si entièrement supérieur au reste de l'humanité, au point de commander et de mériter leur hommage. Dans aucune pièce, il n'avait jamais imaginé un final plus romantique que celui dans lequel il ramenait sur terre son esprit conquis - car c'est ce qu'il pensait qu'il la pensait. En la déposant, il bomba la poitrine et se tourna vers les étoiles comme il avait l'habitude de se tourner vers son public, et s'inclina trois fois, à droite, à gauche, au centre , la main sur le cœur.

Verschoyle était très en colère contre elle à son retour.

« Vous savez comment ces gens pensent à de telles choses », dit-il.

"Ce qu'ils pensent et ce que je fais sont très différents", rétorqua Clara, les yeux brillants, les joues illuminées par l'air nocturne. « Cela le rend heureux, et si vous êtes heureux avec moi, il ne voit pas pourquoi il ne devrait pas l'être. *Pourquoi pas moi aussi* ? Les hommes sont tous pareils.

« Ce n'est pas pareil... Quel enfant tu es ! Un jour tu aimeras et alors tu verras tout autrement... Le vieux fou pense que tu es...

'Non. Il a dit que j'étais Ariel. Moi aussi . Alors je suis... Je me demande si je n'y ai jamais pensé auparavant. Je ne serai jamais une femme comme les femmes l'ont été... »

«Il y a eu de bonnes femmes.»

'Tra la la ! Les bonnes femmes ont fait bien plus de mal dans le monde que toutes les mauvaises femmes réunies. Lady B est une bonne femme.

« Une tigresse peinte. *Elle* ne vous pardonnera pas de sitôt. Elle pense... ça aussi.

« Les gens ne peuvent pas penser au-delà de ce qu'ils sont. Vous ne pouvez pas vous attendre à ce que je sois ce que pensent les autres.

«Je veux que tu sois toi-même.»

" Ainsi je suis... Vous m'emmènerez dans un jour ou deux. Je veux voir les Bracebridge juste pour m'amuser, *ainsi que* les ministres du Cabinet, puis je veux noyer leurs souvenirs un à un dans les lacs lorsque nous les croisons. Nous allons tous les voir, n'est-ce pas ?

'Je veux sortir. Je ne peux pas supporter d'être avec toi dans cette atmosphère d'argent.

'Maintenant maintenant. Tu m'as promis que tu ne te comporterais jamais comme un amant.

«Je pensais que je me comportais comme un frère en colère.»

Elle était contente de lui pour cela. Elle savait qu'une partie de ses problèmes était due au fait qu'il était fils unique.

Les Bracebridge étaient décevants : un homme très ennuyeux, une femme dure et raffinée, mais apparemment pour Lady Butcher, ils étaient la merveille de toutes les merveilles. Elle et Lady Bracebridge étaient l'une pour l'autre « chère Ethel » et « très chère Madge ». Ensemble, ils formaient une personnalité unique, dominante et très redoutable, à laquelle il fallait obéir. Ils se jetèrent sur la maison, passèrent au crible les affaires de chacun de ses membres et, en trois jours, arrangeèrent deux fiançailles et un divorce. Ils ordonnèrent à Verschoyle — par suggestion — d'épouser une Mme Slesinger, qui était simple mais presque aussi riche que lui, et dans sa détresse il faillit succomber ; mais Clara s'est précipitée pour le sauver et a constaté que sa position était rendue presque impossible par des bavardages chuchotés, des regards froids et une grossièreté pure et simple. Elle fut clairement exclue des pique-niques et des parties de canotage et, presque avec mépris, elle fut associée à Sir Henry qui, après l'arrivée de Lady Bracebridge , n'était plus maître dans sa propre maison... Lorsque les ministres du Cabinet arrivèrent, la situation devint impossible pour ils ont produit le chaos. La maison fut disloquée et, dans la confusion , Clara fit ses valises, fit porter ses malles au garage et s'éclipsa avec Verschoyle .

A-t- il dit,-

« Ces maudits politiciens ne peuvent pas quitter la plateforme. Avez-vous vu comment ce vieil imbécile sciait l'air quand il parlait de l'Irlande, et avez-vous entendu comment l'autre bêlait quand il parlait de Poor Law Reform ? Ils sont visibles, toujours visibles... Ces lacs infernaux aussi. Je ne supporte pas les paysages qui m'ont regardé pendant des heures dans un wagon.

« Ça n'a pas d'importance, dit Clara. « Vous êtes peut-être injuste envers Lady Butcher, mais vous ne devez pas être injuste envers Rydal. »

"C'est tellement immobile et dépassé... Je ne peux pas y penser sans penser à Wordsworth, et je ne veux pas penser à Wordsworth... Être avec toi me donne envie de me lancer dans le l'avenir, et il y a quelque chose qui nous retient tous.

Leurs vacances se terminèrent néanmoins triomphalement, et ils oublièrent les Bouchers et leur élégance londonienne à aller d'auberge en auberge dans les belles vallées, à monter et descendre en voiture des collines vertigineuses et à faire à pied l'ascension de Great Gable. et Scafell, au sommet duquel, dans l'air vif et les rafales de vent, Clara laissait voler et dansait, follement gaie, criant de joie d'être si haut au-dessus de la terre, où les êtres humains s'épiaient avec des yeux jaloux de peur qu'on n'ait dû le faire. plus de bonheur qu'un autre.

«Ils ne peuvent pas gâcher ça», dit-elle.

'OMS?'

« Oh, tous les gens là-bas. Ils peuvent gâter Charles, vous, moi et ce vieux sir Henry, mais ils ne peuvent pas gâcher ça.

« En Suisse, dit Verschoyle , il y a des montagnes plus hautes que cela, et on y construit des chemins de fer, et au sommet des chemins de fer, des gouvernantes anglaises achètent des Alpenstocks et font graver le nom de la montagne dans le bois.

« Si j'étais une montagne, dit Clara, et qu'ils me faisaient cela, je me transformerais en volcan et les brûlerais tous, tous les ingénieurs et toutes les gouvernantes anglaises... Je suis sûr que Lady Bracebridge était une gouvernante.'

"Tout de suite", dit Verschoyle , en la regardant avec des yeux ronds de garçon, comme s'il s'attendait à moitié à ce qu'elle se transforme immédiatement en volcan. Avec Clara, tout pouvait arriver, et ses paroles venaient d'un recoin si profond de sa nature qu'elles avaient presque la force d'une prophétie.

XI

CHARING CROSS ROAD

S'il y a une rue qui plus qu'une autre possède l'esprit de Londres, c'est bien Charing Cross Road. Cela commence par les cornichons et se termine par l'art ; il rejoint Crosse et Blackwell à la National Gallery. Entre les deux se trouvent des librairies, des théâtres et des music-halls, et pourtant c'est une rue sans ostentation. Personne à Charing Cross Road ne peut le supposer : personne ne peut être autre que génial et amical . Tous les bons livres viennent enfin y trouver ceux qui les liront longtemps après qu'ils aient été oubliés par ceux qui ne parlent que d'eux. Les livres perdurent tandis que les lecteurs et les locuteurs disparaissent, et Charing Cross Road, par son commerce de livres, maintient vivante la continuité de la vie londonienne et mérite sa renommée. Les livres qui arrivent dans ce refuge sont pour la plupart honnêtes, et c'est pourquoi de nombreuses âmes fatiguées quittent les rues où hommes et femmes escroquent pour se rendre dans cet endroit où les pensées d'honnêtes hommes sont entassées sur des étagères ou exposées en plein air. dans des cases, marquées twopence , fourpence, sixpence.... Un vrai marché ça ! Une foire sans vanité. Il y a des tableaux à regarder aux fenêtres, des souvenirs d'artistes et d'écrivains morts, et il y a un flux constant de gens, le mélange le plus étrange qu'on puisse trouver sur terre... Tous ceux qui n'ont pas grand-chose à faire vont à Charing. Cross Road pour rencontrer tous ceux qui sont sortis du grand courant de l'humanité et le regarder au fur et à mesure.

Vous pouvez acheter de la nourriture dans cette délicieuse retraite – le meilleur terrain de vacances en Angleterre – et vous pouvez la manger dans la féroce librairie tenue par l'homme aux manières douces qui a béni le nom de Clara et l'a fait photographier dans sa petite chambre sombre à l'arrière de la boutique.

Adnor Rodd prenait toujours ses vacances à Charing Cross Road, car lorsqu'il partait à la campagne, il travaillait plus dur encore qu'à Londres. Il écrivait des pièces de théâtre et se maintenait en vie du mieux qu'il pouvait, car il détestait tellement le théâtre qu'il ne pourrait jamais se forcer à franchir une porte de scène. Silencieux, taciturne, il continuait son chemin, ne se souciant que de son travail, et ne s'épargnant ni lui-même ni les autres pour le poursuivre.

Il avait commencé à Londres avec de l'argent et des amis, mais le travail était devenu pour lui un tel vice qu'il avait perdu les deux, sauf juste assez pour rester en vie, pour continuer à travailler. De temps en temps, il était « découvert » par un dramaturge, un critique ou un homme de lettres, mais comme il ne lui rendait jamais un compliment de sa vie, la « découverte » ne menait jamais très loin.... Quelques personnes savaient qu'il existait un un homme étrange, appelé Rodd, qui écrivait des chefs-d'œuvre, mais qui ne voulait ou ne pouvait tout simplement pas profiter des mécanismes commerciaux ordinaires pour les transformer en argent ou en gloire ; mais ces quelques-uns haussèrent les sourcils ou remuèrent la tête lorsqu'il fut mentionné. Pauvre gars ! Il était hors course et ne deviendrait probablement jamais membre du Thespic Club, élection à laquelle un homme est un véritable dramaturge, dont le nom peut être considéré comme bon pour une semaine d'affaires.

Rodd n'a jamais pensé en termes d'affaires. Il pensait en termes de relations humaines et, à partir d'elles, il composait – il ne cessa jamais de composer – des drames vifs, impitoyables, terribles. C'était bien sûr très mauvais pour lui, car cela l'obligeait à un détachement tendu de la vie qui l'entourait, et lorsqu'il rencontrait des gens , il était toujours déterminé à découvrir ce qu'ils pensaient réellement, au lieu d'accepter ce qu'ils lui souhaitaient. penser était dans leur esprit. Il ne pouvait pas plus faire cela qu'il ne pouvait utiliser ses capacités techniques considérables pour concocter les confiseries qui, dans le théâtre d'alors, passaient, Dieu nous garde, pour une pièce de théâtre. Il voulait entrer en contact avec l'essence dramatique des gens qu'il rencontrait, mais chacun le retenait ou se protégeait contre lui, et il vivait donc seul. Pour le bien de son travail, il abandonna la personnalité sociale ordinaire que son éducation lui avait appris à acquérir, et il parcourut le monde exposé, plutôt terrifiant à rencontrer ; mais si délicieusement sensible qu'un plaisir aigu - une fleur, le sourire d'une femme, un homme fort serrant la main de son ami, une rencontre amoureuse, une véritable querelle entre deux hommes qui se détestent, l'attention d'un chien amical - pourrait effacer toute l'horreur et le dégoût que lui inspiraient la plupart de ce qu'il voyait et ressentait. Il était sûr de lui comme le vent est sûr de lui-même, mais il était sans vanité... Très jeune, il avait été découvert par une ou deux femmes. C'était assez. Il savait que le désir des femmes ne vaut pas la peine d'être satisfait, et il les laissait tranquilles à moins qu'elles ne soient en détresse, puis il les aidait généralement au prix de leur faire croire qu'il était amoureux d'elles. Puis il dut expliquer qu'il les avait aidés comme il aiderait un enfant ou un malade. En général, on pleurait et on disait qu'il était un menteur et un trompeur, mais il savait ce que valent les larmes des femmes, et quand elles en arrivaient là, il les laissait pour les empêcher d'aller plus loin... Mais il avait toujours des femmes pour veiller sur lui. , des femmes reconnaissantes, des femmes qui, ayant goûté une fois sa sympathie, ne pouvaient plus s'en passer. Sa sympathie était passionnée et envers certaines natures comme la boisson forte. Très peu d'hommes pouvaient le supporter car cela allait droit dans les recoins secrets du cœur, et les hommes, contrairement aux femmes, ne se soucient pas d'affronter leurs propres secrets.

Il vivait dans trois pièces au sommet d'une maison à Bloomsbury, une pour ses livres, une pour son travail et une pour lui-même, pour dormir et se laver. Contrairement à la plupart des hommes indifférents au monde extérieur, il était propre, car il trouvait que la négligence nuisait à son efficacité et enlevait son énergie. Il était aussi exigeant mentalement qu'un athlète entraîné l'est physiquement.

Il accepte avec bonne humeur l'incompatibilité apparemment inaltérable entre le théâtre et le drame.

Un homme avec un seul objectif semble fou dans un monde où les objectifs sont dispersés, mais Rodd souffre d'un double isolement. Les gens ordinaires le considéraient comme un imbécile, parce qu'il ne voulait pas ou ne pouvait pas exploiter ses dons et sa personnalité ; tandis que les gens vraiment fêlés redoutaient sa santé mentale et la tolérance humoristique avec laquelle il se livrait à leurs petites faiblesses.

Il appréciait Charing Cross Road parce qu'il lui ressemblait un peu : il était mis de côté et dédaigné par ses ignobles « meilleurs », les rues imposées par le cosmopolitisme au véritable Londres anglais. Ce Londres, il le trouvait à Charing Cross Road, où battait encore le cœur dont Fielding et Dickens avaient puisé leur inspiration, le cœur courageux qui savait rire de toutes ses souffrances et de toutes les indignités qui lui étaient infligées. À Charing Cross Road, il pouvait rencontrer presque tous les jours Falstaff et Doll Tearsheet , Tom Jones et Partridge, Sam Weller et Sairey. Gamp et leurs descendants se promenaient chaque jour à l'étranger, entraient et sortaient des magasins, vaquaient à leurs occupations, sans se douter qu'ils seraient transférés dans le monde de l'art lorsque Rodd reviendrait de ses vacances pour son travail. Il aimait passionnément ce Londres, le vrai Londres, et détestait tout ce qui la niait ou semblait la nier. Il l'aimait tellement qu'il n'avait guère besoin d'amour personnel, et il détestait toute loyauté qui interférait avec sa loyauté envers Shakespeare, Fielding et Dickens, tous dramaturges, même si le drame de Fielding avait été trop vital pour le théâtre de son temps et avait explosé. en atomes, de sorte que depuis son époque, les acteurs avaient dû se débrouiller comme ils pouvaient et avaient si bien réussi qu'ils avaient complètement oublié le drame. Ils avaient créé une sorte de bas-relief théâtral et en étaient si satisfaits qu'ils considéraient avec détestation les figures arrondies de la sculpture dramatique.... Ils n'osaient pas faire de place dans leur théâtre pour *Hedda Gabler* et *John Gabriel Borkman* , parce qu'ils détruit par contraste les illusions avec lesquelles ils entretenaient leurs activités.

Le libraire écossais était un grand ami de Rodd et un admirateur fidèle, même s'il ne comprenait pas du tout ce que faisait cet étrange homme. Rodd parlait de la vertu d'un monde ordonné, tandis que le libraire vivait dans des rêves d'anarchie, d'hommes et de femmes laissés seuls pour que le bien en eux puisse atteindre le sommet et créer un millénaire de bonté. Les recherches de Rodd sur le cœur humain ne lui avaient que trop clairement révélé la terreur qui brûle aux sources de la vie humaine, mais parce que les rêves du libraire lui étaient chers, parce qu'ils le rendaient heureux et bienveillant, Rodd ne pouvait jamais se résoudre à pousser l'argumentation. assez loin pour les déranger.

Un jour, au cours de ce bel été de notre conte, Rodd s'est rendu à la librairie pour consommer le déjeuner qu'il avait acheté au German Delicatessen-Magasin au bout de la rue. Il trouva le libraire bouillonnant de bonheur, époussetant ses livres, les réarrangeant, vidant de gros colis de livres neufs, et des livres pas si subversifs non plus, sauf dans la mesure où toute littérature est subversive.

'Bonjour!' » dit Rodd. « Je pensais que c'était la saison morte ?

« Je suis riche », rétorqua le libraire. « Ces foutus éditeurs rampent vers moi. Ils ont eu leur sale gain, et ils savent que je peux déplacer tout ça, et ils sont à genoux devant moi, me suppliant de prendre leur merde par centaines, à mon prix.

(C'était une exagération pardonnable, mais il y avait longtemps que le libraire n'avait pas eu autant de nouveautés.)

"Si jamais je veux un changement", a déclaré Rodd, "je vous demanderai de me prendre comme assistant."

La mâchoire du libraire tomba et il regarda Rodd.

« Vous pourriez faire pire », dit-il. "C'est la deuxième offre que je reçois cette année."

'Oh! qui a fait le premier ?

«Ah!» Le libraire se mit le doigt sur le nez et rit. 'Ah! Quelqu'un qui est amoureux de moi.

«Il y a trop de livres», dit Rodd. "Trop de mauvaise qualité."

Il se tourna vers les étagères où étaient conservées les pièces de théâtre : Shaw, Barker, Galsworthy, Ibsen, Schnitzler, Hauptmann, Tschekov , Andreev, Claudel, Strindberg, Wedekind, tous les auteurs de la période Sturm et Drang, alors que dans toute l'Europe la tentative a été conçu pour imposer la littérature au théâtre, dans le but , comme le pensait Rodd, de briser la tyrannie de l'imprimé. C'était l'une de ses idées favorites : que la tyrannie de la presse écrite dont le monde souffrait si longtemps serait brisée par le drame. Le cœur humain seul pourrait briser les obsessions de l'esprit humain, sinon l'humanité perdrait son sang-froid et tenterait de les briser en brisant des têtes humaines. Rodd a toujours pensé à l'humanité comme une unité, un organisme soumis aux lois de la vie organique. . Parler de personnes et de nations, de groupes et de combinaisons ne lui semblait pas pertinent. L'humanité avait une volonté et tout devait s'y conformer ou souffrir. À présent, il lui semblait que la volonté de l'humanité était malade et que la société, ici à Londres comme ailleurs, était inerte. Il s'évade dans son imagination où il peut déployer pleinement son énergie dramatique. Dans l'ensemble, il détestait les livres, mais son affection pour Charing Cross Road et pour le libraire l'attirait vers la boutique dédiée aux efforts des idéalistes révolutionnaires, qu'il pensait globalement trompés. Il ne souhaitait pas la révolution mais le rétablissement de la santé de l'humanité et, comme tant d'autres, il avait sa panacée : le drame. Cependant, l'air était si plein de théories sociales et politiques qu'il ne s'attendait pas à ce que quiconque le comprenne.

« Avez-vous le nouveau livre de Mann ? » il a demandé au libraire qui l'avait produit : quarante planches des dessins préférés de Charles avec une typographie plutôt hors de propos. Rodd l'a acheté et à ce moment-là, Clara est entrée dans le magasin.

Rodd ne lui prêta aucune attention. Le libraire le laissa avec son argent à la main, et il resta debout à feuilleter les pages du livre de Charles et à secouer la tête à cause des paragraphes bizarres et aléatoires. Clara parla, et il se raidit, regarda les livres devant lui, se tourna, aperçut son profil et resta là à regarder avec étonnement - un visage de fille plus que joli, un visage dans lequel il y avait un but et une preuve de perception claire.

Après ses vacances, elle se portait à merveille. La santé brillait en elle. Elle bougea, et ce, sans se soucier complètement de son environnement. Elle a vécu immédiatement dans l'imagination de Rodd, a pris la place qui lui revient bien sûr aux côtés de Beatrice, Portia, Cordelia et Sophia Western. Son imagination n'avait pas du tout besoin de travailler sur elle pour la recréer, ni pour pénétrer jusqu'à l'essence dramatique de sa personnalité, qu'elle révélait dans chacun de ses gestes.

Il ne pouvait pas entendre ce qu'elle disait, mais sa voix lui faisait vibrer le cœur. Il haleta, chancela et laissa tomber le livre de Charles Mann avec fracas.

Clara, qui ne l'avait pas vu, se retourna et elle aussi fut bouleversée. Il s'avança vers elle et la dévora de ses yeux, tandis que les siens cherchaient les siens.

«C'est Rodd», dit le libraire. « Adnor Rodd, un de mes grands amis. »

«Rodd», répéta Clara.

— Il s'intéresse beaucoup au théâtre, dit le libraire.

"Je regardais justement le nouveau livre de Charles Mann... Me permettez-vous de vous le donner ?"

Il s'éloigna pour ramasser le livre et revint le tenant dans ses bras, sortit son stylo-plume et y écrivit d'une petite écriture précise :

« À mon ami, de la part d'Adnor Rodd. »

«Je m'appelle Clara Day», dit-elle,

« Vous ne pouvez pas encore avoir de nom… Vous êtes juste vous. »

Elle l'a compris. Il voulait dire que les étrangers n'avaient aucune importance dans le choc ravi de leur rencontre. Tandis qu'ils se regardaient, la librairie disparut, Londres disparut, il n'y avait plus qu'eux deux sur toute la terre. Ni l'un ni l'autre ne pouvait bouger. Le début et la fin se sont produits à ce moment-là. Rien de ce qu'ils pouvaient faire ne pouvait le modifier ou rendre le monde tel qu'il avait été pour eux... Consciemment, ni l'un ni l'autre ne l'admettaient, tous deux s'accrochaient obstinément à ce qu'ils avaient fait de leur vie.

Il tenait toujours le livre à la main. Elle n'avait pas sorti le sien pour cela. Il a écrit « Clara Day » et il a voulu l'écrire plusieurs fois, comme il le faisait avec les noms des personnages de ses pièces, pour s'assurer qu'ils étaient bien appelés.

Avec un sentiment d' actualité légèrement récurrent , il pensa à ses trois chambres à Bloomsbury et aux cent cinquante livres par an avec lesquelles il vivait, et avec un sourire ironique il lui tendit le livre, fit le point sur ses riches vêtements, s'inclina et se retourna. loin... Pour son imagination, il suffisait de l'avoir rencontrée et aimée à ce moment précis. Elle avait brisé le détachement intellectuel dans lequel il vivait : la solitude glaciale dans laquelle il luttait si péniblement était terminée.

Il s'était déplacé si vite qu'elle fut surprise, et il avait atteint le seuil de la boutique avant qu'elle ne court après lui et ne lui touche le bras.

«S'il vous plaît», dit-elle. « Vous avez oublié une chose : la date.

Il a écrit la date dans le livre et était d'accord pour y aller, mais elle a dit :

"Je dois en savoir plus sur vous si je veux accepter votre cadeau."

«Vous parlez un anglais si parfait», dit-il, émerveillé par elle. "Les gens ne parlent plus comme ça de nos jours, mais avec un jargon bâclé."

« J'ai vécu à l'étranger », lui dit-elle, et sans rien dire, ils sortirent ensemble dans la rue, elle serrant très fort le livre dans ses bras.

Ils avaient parcouru une certaine distance en silence avant qu'il ne parle.

« Est-ce que c'était par hasard que vous étiez dans ce magasin ? »

« Oh non, dit-elle. « Le vieil homme est un de mes amis.

(Il remarqua qu'elle disait « la vieille » et non pas comme la plupart des gens
« la vieille ». C'était cette perfection en elle qui la rendait si incroyable. Dans
les moindres détails, elle était parfaite et il ne savait pas s'il devait rire ou non.
pleurer.)

« C'est absurde, dit-il dans son cœur, ça ne peut pas se passer comme ça. Cela
ne peut pas être vrai.

Clara ne pensait à rien d'autre qu'à lui faire ouvrir son esprit et son cœur à
elle, le plus facilement et sans douleur pour briser la tension qui était en lui.

Ils se tournèrent vers un salon de thé dans Coventry Street, et il la regarda
fixement. Un petit orchestre jouait un air syncopé. L'endroit était rempli de
banlieusards profitant de leur évasion dans une agitation vulgaire que leur
offrait la philanthropie de Joseph Lyons. La pièce était entièrement dorée et
en marbre et baignée de lumière électrique. Une serveuse s'est approchée
d'eux, mais Rodd était tellement préoccupé par Clara qu'il n'a pas pu
rassembler ses pensées et elle a dû commander du thé.

'Qui es-tu?' Il a demandé.

«Je suis actrice à l'Imperium.»

Il rejeta la tête en arrière et éclata de rire.

'C'est marrant?' elle a demandé.

'Très.'

Elle sourit un peu malicieusement et demanda.—

'Qui es-tu?'

"Je suis un poisson bizarre... J'ai perdu ma vie à attendre des gens plus que
ce qu'ils avaient à donner et à leur offrir plus que ce dont ils avaient besoin."

'Tu as l'air fatigué.'

« Je suis fatiguée, fatiguée... Vous n'êtes pas vraiment une actrice.

"Je suis payé pour cela si cela en fait un."

« Je veux dire… tu ne joues plus aucun rôle maintenant. Les actrices ne
s'arrêtent jamais. Elles s'inspirent de leurs maris et de leurs amants et
continuent jusqu'à ce qu'elles tombent. Leurs maris et leurs amants les
mettent généralement à la porte avant qu'ils ne fassent cela... La femme
ordinaire est une actrice à sa manière, mais vous ne l'êtes pas du tout... Je ne

vous situe pas. Que fais-tu à Londres ? Vous ne devriez pas être à Londres. Vous devriez nous laisser mijoter dans notre propre jus.

La serveuse leur apporta du thé et l'orchestre se lança dans un effort plus outrancier qu'auparavant.

"Ragtime et toi!" il continua. «Ils ne se mélangent pas. Le Ragtime est destiné aux cerveaux fatigués et aux sens blasés, aux personnes qui ont perdu tout instinct et toute intuition. Qu'as-tu à voir avec eux ? Vous vous battrez simplement à mort face à leur dure indifférence.... Vous n'êtes qu'un enfant. Vous devriez être renvoyé chez vous.

« Et supposons que je n'en ai pas.

Il haussa les épaules.

«C'était une impertinence. Pardonne-moi!' Il prit le livre qu'il lui avait donné. « Ce type Mann est comme tous les autres. Il veut substituer un spectacle statique à une performance dynamique et vitale, pour imposer son propre art au théâtre. Les acteurs ont fait cela jusqu'à ce qu'ils aient chassé autre chose. Il veut les chasser. C'est tout, mais il a de grands dons....'

«S'il vous plaît, ne parlez pas des autres», dit Clara. «Je veux entendre parler de toi. Que faisais-tu dans la librairie ?

Il lui raconta alors pourquoi il était allé à Charing Cross Road, pour trouver des vacances qui rendraient la vie supportable ; elle a décrit ses vacances en tournée à travers le pays avec une conclusion glorieuse dans les Lacs. Il avait l'air plutôt sombre et secoua la tête :

« Cela ne me conviendrait pas. J'aime y aller lentement et m'attarder sur les choses qui me plaisent, m'abreuver de leur vrai caractère. C'est agréable d'avancer vite, mais toute cette affaire d'automobiles me semble n'être qu'une autre esquive : fuir la vie... Je le ferais si j'étais fidèle à mon tempérament, mais j'aime aussi mon métier. beaucoup. Je suis un intellectuel, mais je ne peux pas rester les bras croisés et je ne peux pas m'enfuir.

Clara n'avait jamais rencontré quelqu'un comme lui auparavant. Il y avait une misère si aiguë sur son visage, et ses paroles semblaient n'être qu'un nuage jeté pour dissimuler la retraite qu'il faisait visiblement loin d'elle. Elle n'accepterait pas ça. Elle était sûre de lui. Cette attitude de sa part était un défi pour elle. La force avec laquelle il parlait avait rendu Charles et elle-même fragiles et fantastiques, et elle voulait prouver qu'elle était ou pouvait être aussi solide, aussi définie et précise que lui.

Elle savait ce que c'était que d'être dirigée par sa propre volonté. Sa sympathie était avec lui là-bas. Il a été poussé jusqu'à l'épuisement.

"J'ai essayé de créer la femme du futur", a-t-il déclaré. « Les femmes d'Ibsen sont toutes nerveuses. Ce que je veux, c'est une femme capable de se détacher de son expérience émotionnelle et d'accepter l'échec, comme le fait un homme, avec la conviction qu'à long terme, l'esprit humain est plus fort que la nature. Si les instincts sont déjoués, il ne faut pas leur faire confiance. Les femmes doivent encore l'apprendre... Lorsqu'elles l'apprendront, nous pourrons commencer à être honnêtes.

Cela ne semblait pas avoir d'importance qu'elle le comprenne ou non. Il avait sa sympathie et il était heureux de parler.

«Cela semble être le cœur du problème. Mais c'est un peu déconcertant, quand on a essayé de créer une femme, d'entrer dans une librairie et de la trouver.

'Comment savez-vous?' elle a demandé. « Je ne fais peut-être qu'agir. C'est ce que font les femmes. Ils découvrent par instinct l'idéal dans l'esprit d'un homme et le reproduisent.

Il secoua la tête.

« Tous les idéaux pour tous les hommes ? ... Vous avez trahi le jeu.'

"C'est peut-être le truc le plus intelligent de tous."

Il se méfia un instant d'elle, mais cette coquetterie était noble et destinée à lui plaire et à l'apaiser.

«Je suis dans une mauvaise passe», dit-il simplement. « Les choses ont été trop faciles pour moi jusqu'à présent. Je me suis donné vingt ans pour produire ce que je veux et ce que le monde doit avoir... Les choses ne sont pas si simples que cela.

« Buvez votre thé. Je pense que tu prends tout avec trop de difficulté. Les gens ne savent pas qu'ils sont indifférents. Il y a tellement de choses à faire, tellement de gens à rencontrer, ils sont tellement occupés qu'ils ne se rendent pas compte qu'ils restent immobiles et se répètent encore et encore.

« Au diable l'orchestre ! » dit Rodd. Le premier violon jouait un solo avec des cordes assourdies. « Si les gens acceptent cela, ils supporteront n'importe quoi. C'est un meurtre lent.

— Crois qu'ils aiment ça, répondit Clara.

« Un meurtre lent ?

'Non. La musique.'

'Même chose.' Il rit. 'Tant pis. Vous m'avez volé mon métier. Quand nous reverrons-nous ?

'Demain?'

'Demain. Vous verrez comment je vis... Si vous avez le temps, j'aimerais vous emmener à un concert. Je teste toujours mes amis avec de la musique.

« Même la Nouvelle Femme ?

Ses yeux pétillèrent et un sourire apparut sur ses lèvres sensibles.

XII

RODD À LA MAISON

Ils se retrouvèrent le lendemain, par une chaude journée d'août, avec la chaleur frémissant des trottoirs et des murs des maisons... Rodd fut le premier à arriver à la librairie où ils s'étaient donné rendez-vous. Le libraire l'a plaisanté à propos de la « jeune fille », parce que Rodd n'avait jamais parlé à personne, homme ou femme, dans le magasin.

«C'est un brave jeune homme », dit le libraire. « Elle sait que faire du bien aux autres, c'est se faire du bien à soi-même. Et attention, c'est un fait. Ce n'est pas de la prédication. C'est un fait scientifique difficile.

'Qui est-elle?' » demanda Rodd.

« C'est une actrice et elle est amie avec les seigneurs. Comment a-t-elle pu trouver un pauvre magasin comme le mien, je ne peux vous le dire. Mais elle est entrée et ma chance a tourné à partir de ce jour.

Clara entra. Elle se tenait sur le seuil de la boutique et retournait les papiers qui étaient là sur une table. Elle avait vu Rodd, mais souhaitait gagner un moment ou deux avant de lui parler, tant le choc de sa rencontre avait été grand. Depuis qu'elle l'avait quitté la veille, elle n'avait rien fait d'autre qu'attendre le moment de le revoir, mais le moment venu, elle dut se frayer un chemin pour sortir de la concentration maussade sur lui qui absorbait toutes ses énergies. Elle redoutait cette rencontre. Dans ses souvenirs, sa personnalité lui avait été plus claire et plus précise que dans sa présence réelle, lorsque la force de ses idées obscurcissait tout le reste. Il était malheureux, il était pauvre, il était solitaire, et cela la mettait en colère qu'un tel homme soit l'une de ces choses. Il semblait si énergique et pourtant pauvre, malheureux, solitaire dans un monde où, comme elle l'avait prouvé, la richesse et la compagnie étaient si faciles d'accès, argumentait une certaine faiblesse... Il attendit qu'elle bouge, et cela l'a mise en colère. Il resta immobile et attendit qu'elle bouge. La colère était si forte en elle qu'elle faillit sortir du magasin à ce moment-là, mais elle vit ses yeux fixés sur elle et elle s'approcha de lui en lui tendant la main. Il l'agrippa fermement et dit :

« J'avais peur que tu ne viennes pas.

« Pourquoi ne le devrais-je pas ? »

«J'ai si peu à vous donner.»

« Vous m'avez fait une bonne affaire hier.

'Tout.'

Le libraire leva les yeux vers le buste de William Morris sur ses étagères de poésie et lui fit un clin d'œil. Puis il s'éloigna sur la pointe des pieds.

Clara lui a pardonné de ne pas bouger pour la rencontrer. Son franc-parler la satisfaisait quant à sa force et son honnêteté.

Ni l'un ni l'autre n'était disposé à perdre du temps. Leur intimité avait commencé dès leur première rencontre.

« Il fait trop chaud à Londres », dit-il. « Devrions-nous aller à Highgate ou à Hampstead ? »

Clara eut envie de le toucher, pour s'assurer qu'il était bien un homme et non un simple esprit vagabond, et elle posa la main sur son bras. Il était terriblement maigre, et elle savait instinctivement qu'on ne s'occupait pas correctement de lui, et là encore, elle était pleine de méfiance. Était-ce seulement sa sympathie qui liait sa vie à la sienne ? ... Le choc avait montré clairement que Charles, en tant qu'homme, elle n'avait jamais eu le moindre intérêt. Cela avait été désastreux, et elle hésitait à créer davantage de problèmes par son impétuosité. Blesser cet homme serait grave. Personne ne pouvait blesser Charles sauf lui-même ; et même alors, il se réveillait toujours le matin en chantant et en sifflant comme un garçon heureux ou un merle dans un cerisier en fleurs.

Ils se rendirent en métro à Highgate, sans essayer de parler malgré le bruit et le rugissement du train dans le tunnel.

Alors qu'ils gravissaient la longue colline, il dit :

« Vous m'avez assommé. Je n'aurais jamais pensé que quelqu'un ferait ça. Je n'aurais jamais pensé rencontrer quelqu'un d'aussi fort que moi... L'amour est une chose terrible. L'impact de deux personnalités. Cela brise tout le reste, ne laisse aucune place à autre chose.

"J'espérais que cela te rendrait heureux", dit Clara, acceptant comme tout à fait naturel qu'ils balayent tout ce qui les séparait de leur désir d'être ensemble et de partager leurs pensées, leurs émotions, toutes les qualités profondes qui pouvaient se révéler en eux. à personne d'autre. Elle ne pouvait pas plus le nier qu'elle ne pouvait nier le lever du soleil le matin, et pour le moment elle se contentait d'oublier tous les autres éléments de sa vie... C'était si inévitablement juste qu'après s'être rencontrés au cœur de Londres , ils devraient lui tourner le dos et se mettre à l'épreuve de la terre, du soleil, du ciel bleu, des arbres dans leur vert d'été et de l'eau souriant au soleil. L'énergie furieuse dans leurs cœurs faisait que la chaude journée d'août, la scène de banlieue et les habitants indolents des banlieues semblaient semblables à des jouets et irréels, comme s'ils les regardaient d'un autre monde, et c'était bien ainsi, car ils s'étaient plongés dans aux tout débuts de la Création, et leur nouveau monde était en devenir. Le pouvoir de l'amour est si grand que, extrayant toute la vérité du monde tel que les hommes l'ont créé, il balaie le reste et recommence, rejetant, détruisant, mais préservant avec le plus tendresse tout ce qui est vital et précieux. L'amour prend ses deux élus et tisse un sort autour d'eux, pour les préserver du contact inquiétant du monde, afin qu'ils aient le pouvoir de résister à l'agonie de la création qui les traverse et ne se repose jamais jusqu'à ce qu'ils soient forgés en un seul. âme, un seul monde, ou séparé, brisé et abattu.

De ces deux-là, c'est Rodd qui a le plus souffert. La volonté farouche qui l'avait soutenu dans ses longs travaux pour l'art qu'il vénérait ne cédait pas. Il voulait les deux, son travail et cette fille soudaine et surprenante qui était entrée dans sa vie, et il voulait les deux selon ses propres conditions. En même temps, le conflit qui s'installait en lui ne le rendait que plus sensible à la beauté et aux délices simples des jardins et des champs qu'ils traversaient... C'était nouveau pour lui. Auparavant, il n'avait apprécié de telles choses qu'avec un lointain détachement esthétique.

Il répugnait également à y renoncer, mais la joie rapide de la jeune fille était trop forte pour lui. C'est devant une telle beauté que la volonté la plus sévère doit se plier. Aucun chant d'oiseau, aucune lumière soudaine sur un nuage, aucune fleur tremblante dans son extase , aucun arbre en pleine floraison ne pourrait raconter une beauté aussi élevée que cette joie qui jaillit du plus profond de son âme dans ses yeux, sur elle. lèvres, adoucissant sa gorge, liquéfiant chacun de ses mouvements, et apportant dans sa voix une musique qu'aucun poète n'a jamais chantée, qu'aucun cerveau de musicien n'a jamais conçue, une musique envoyée de régions plus profondes que ce que l'âme humaine peut connaître pour s'élever bien au-delà des limites fixées pour perception humaine.

Rodd en était étourdi et étourdi, et avait envie de temps en temps de la toucher, de la tenir dans ses bras, pour être sûr que dans la rapidité de sa joie elle ne s'envolerait pas... Il parlait gravement et solennellement, avec une intention concentration, sur les personnes de sa vie qui se comparaient si tristement à elle. Il en composait visiblement un drame, qu'il n'osait cependant mener à aucune conclusion. Qu'il puisse y avoir un autre jour comme celui-ci était au-delà de ses espérances, qu'il puisse un jour revenir à ce qu'il était avait mis à mal son endurance....

« Il m'est arrivé une chose étrange l'autre jour, dit-il. « Je vis parmi des gens étranges, accros au théâtre et à la presse écrite. Il y a une femme... »

Clara retint son souffle et eut l'air d'un tigre. Il n'a pas remarqué le changement et a continué.

« Il y a une femme. Elle habite juste en dessous de chez moi. Elle a deux enfants et Dieu sait comment elle vit. Elle m'attendait le soir dans les escaliers pour me regarder monter. Mais je ne lui ai jamais parlé… »

Clara sourit joyeusement.

« Elle me rendait de petits services. Elle raccommodait mes chaussettes et me préparait parfois des friandises qu'elle déposait devant ma porte. Cela a duré des mois, je ne lui ai jamais parlé, car elle a une mère épouvantable qui vit avec elle... Il y a une semaine ou deux, elle m'a rencontré alors que je montais le soir et m'a dit qu'un de ses enfants était malade et m'a demandé d'aller chercher le médecin.... Je l'ai fait et elle avait l'air si épuisée que je suis entré et je l'ai aidée. La mère ne servait à rien ; une grosse et paresseuse bête de femme qui boit, jure, mange et dort... Nous avons lutté contre la mort pour la vie de l'enfant, mais nous avons été battus... Il est mort. Elle m'attend maintenant et essaie de me parler, mais je ne le ferai pas. Elle est frénétique dans ses attentions. Elle veut de la sympathie. Elle l'a, mais veut plus que ça. Un mot de ma part, et je ne pourrai jamais m'en débarrasser. Elle s'accrocherait à moi, et parce qu'elle s'accrochait, elle croirait qu'elle m'aimait, mais elle n'aurait que ma faiblesse... C'est déjà arrivé. Ils semblent trouver un amer triomphe dans la faiblesse d'un homme.

L'humilité de sa confession a profondément touché Clara. C'était l'humilité des sentiments de l'homme, contrastant avec son arrogance féroce et intellectuelle, qui la poussa à une compassion qui la stabilisa dans sa joie rapide. Son histoire lui révélait sa vie avec une telle vivacité qu'elle avait l'impression que, sans plus, elle le connaissait de bout en bout. Tout le reste était un détail qui ne la préoccupait pas particulièrement.

Ils marchèrent quelque temps en silence, lui ruminant, elle souriant joyeusement, et elle imagina les deux côtés de sa vie, l'activité imaginative riche et puissante et la simple tendresse de sa solitude.

Cela semblait être à son tour d'avouer, mais elle ne le pouvait pas. La perfection de la journée serait gâchée pour eux, et elle ne l'aurait pas fait. Il comprendrait. Oui, il comprendrait, mais les hommes ont des illusions qui leur sont très chères. Elle doit les protéger et le laisser les garder jusqu'à ce que la chère réalité l'oblige à s'en débarrasser.

A Hampstead, ils venaient en foule en vacances et se mêlaient à eux, heureux une fois de plus d'être en contact avec des gens simples appréciant les plaisirs pour lesquels ils vivaient. Il y avait des bateaux-balançoires, des manèges, des shies aux noix de coco, des machines à sous... Le propriétaire du manège ressemblait un peu à Sir Henry Butcher en apparence, et Clara réalisa que avec un début que l'Imperium et cette machine aux couleurs gaies faisaient tous deux partie du même métier. Les gens payaient leurs deux sous ou leurs demi-guinées et recevaient une certaine excitation, une participation à un jeu, un plaisir qui, sans effort de leur part, rompait la monotonie de l'existence... Des deux, en ce jour d'août , elle préférait le manège. C'était en plein air, et c'était simple et sans prétention ; et il valait sûrement mieux que les gens s'amusent avec des chevaux de bois plutôt qu'avec des êtres humains aussi mécaniques et aussi misérablement conduits par des machines... Elle était ennuyée contre Rodd parce qu'il était exaspéré par les rires idiots des servantes et des domestiques. les cabrioles du jeune homme.

« Je déteste les plaisirs des gens », dit-il. « Ils donnent la mesure de la qualité de leur travail – répétition paresseuse, négligée, monotone, ne produisant que des machines splendides, des moteurs merveilleux, des navires merveilleux , des automobiles miraculeuses, mais des gens ennuyeux, apathiques, détrempés – inertes. C'est l'inertie de Londres qui est si épouvantable.

Clara se fit emmener sur les chevaux de bois, et ils firent trois tours. Il a admis à contrecœur qu'il avait apprécié.

"Mais seulement parce que tu l'as fait."

Pour l'éprouver encore davantage, elle lui fit prendre le thé dans la cour d'une auberge, à une longue table avec un certain nombre d'East Enders, des familles entières, des couples en cour, et des jeunes hommes et jeunes filles qui s'étaient choisis parmi la foule. Ils regardèrent le couple remarquable, la jeune femme élégante et le bel homme maussade, mais ils ne firent aucun commentaire impertinent, sauf qu'en partant, une jeune fille cria :

'Mon! regarde ses chaussures.

Et une autre fille dit tristement :

"J'aurais aimé avoir des jambes comme *ça* et des bas de soie."

Le soir approchait. La brume au-dessus de la bruyère brillait d'une lueur abricot. Les fenêtres, captant le soleil bas, flamboyaient comme des plaques de feu. Les gens sur la bruyère diminuaient et semblaient s'enfoncer dans le paysage, et leurs mouvements étaient à peine perceptibles.

Rodd a demandé :

« Est-ce que ça a été une bonne journée pour vous ?

'Une merveilleuse journée. Je veux voir où tu habites.

Il l'a ramenée à la maison. À Londres, après Heath, l'air semblait épais et étouffant. La place où il vivait était entourée de rues peu recommandables d'où flottaient des odeurs presque envahissantes. Sa maison était un manoir autrefois à la mode, aujourd'hui divisé en appartements. Il possédait sous les toits ce qui était autrefois le logement des domestiques, trois chambres et une salle de bains. Les fenêtres de sa pièce de devant donnaient sur la cime des arbres. Ici, il a travaillé. La pièce ne contenait rien d'autre qu'une table, une chaise, un piano et un canapé.

«C'est la seule pièce», dit-il.

«Cette femme vous attendait», dit Clara.

'Était-elle? Je ne l'ai pas vue.

'Oui. Elle s'est précipitée dans sa chambre quand elle m'a vu.

Il prit son manuscrit sur la table.

"Ça s'est arrêté net." Il le retourna tristement ; En palpant les pages, il commença à lire et s'y plongeait lorsqu'elle le lui arracha des mains.

« Comment oses-tu le lire quand je suis avec toi ? elle a pleuré. « Cela a été écrit avant que tu me connaisses. Ce n'est pas bon... Je sais que ce n'est pas bon.

Il fut stupéfait par cet accès de jalousie et protesta :

"Il y a des années de travail là-dedans."

"Mais à quoi ça sert de rester assis ici à travailler, si on n'en fait jamais rien ?"

Il montra le canapé et dit :

« Il y a mon travail là-dedans : plein à ras bord, des notes, des croquis, des choses à moitié terminées, des choses à réviser... J'attendais qu'il se passe quelque chose. Je ne pourrais jamais travailler juste pour plaire aux autres et pour donner des rôles à des acteurs à succès...'

«Je suis une actrice à succès.»

'Toi? Oh non.'

'Mais je suis. Je suis fiancé pour apparaître à l'Imperium dans *The Tempest* . Charles Mann conçoit la production.

"J'ai vu quelque chose à ce sujet, mais je n'y croyais pas."

«Le travail de Charles Mann était comme ça», dit-elle en désignant le canapé, «jusqu'à ce que je le rencontre.»

'Tu le connais?'

'Oui oui.'

(Elle ne pouvait pas se résoudre à lui dire.)

« Butcher sera trop fort pour lui. Vous voyez, Butcher contrôle la machine.

"Mais l'argent contrôle Butcher !"

Il était furieux.

'Toi! A vous de parler d'argent ! C'est le secret de toute cette affaire criminelle. L'argent contrôle l'art. L'argent rejette l'art. L'argent est aussi une chose sensible. Il rejette la force, la spontanéité, l'originalité. Il veut de la répétition, de l'immuabilité, des choses calculables. L'argent... Vous pouvez parler avec satisfaction du boucher qui contrôle l'argent après notre journée paradisiaque avec le chant doux de notre bonheur !'

"Il faut se rendre à l'évidence."

'Certainement. Mais il n'est pas nécessaire de les accepter.

Ici, dans cette pièce, il était un autre homme. L'humilité qui était sa qualité la plus attachante était submergée par son arrogance créatrice. Il semblait presque qu'il ressentait son intrusion comme une menace pour la vie qu'il s'était créée, le monde de créatures souffrantes et torturées dont il s'était entouré, les créatures qu'il avait tant aimées que le contact avec ses semblables était venu. être en quelque sorte une trahison à leur égard. À un degré extraordinaire, l'atmosphère de la pièce était chargée de sa personnalité et de l'immense effort continu qu'il avait déployé pour atteindre son objectif. Ici, il y avait quelque chose de démoniaque et de défi en lui. Il lui présentait cette pièce vide comme sa vie et semblait lui lancer un défi pour la perturber.

Elle n'avait jamais été confrontée à un défi aussi férocement stimulant pour sa personnalité. Dans son cœur, elle comparait cette salle austère à la cérémonie de l'Imperium, et il n'y avait aucun doute sur laquelle des deux contenait le plus de vitalité. Ici, dans la solitude, se trouvait un homme qui créait ce qui seul pouvait justifier la machinerie complexe et coûteuse du grand théâtre qui avait été utilisée pendant près d'une génération par le fade et enfantin Sir Henry Butcher pour exploiter sa propre personnalité attachante.

Clara avait honte de la jalousie qui lui avait fait arracher l'œuvre de Rodd des mains. Cela avait mis sa passion en colère contre elle. Celui qui avait affronté l'hostilité et l'indifférence du monde tout au long de sa jeunesse ambitieuse était enflammé par l'hostilité de l'amour qui avait ébranlé mais pas encore déraciné sa volonté farouche de ne jamais faire de compromis, mais d'adhérer à la logique de sa vision. La rage en lui était intolérable. Dit -elle,-

« Tu n'aimes pas ça ? »

Quoi?'

"Mon appartenance à l'Imperium."

« Ce n'est pas à moi d'aimer ou de ne pas aimer. Je ne suis pas le contrôleur de vos mouvements. Je ne contrôlerais jamais les mouvements d'aucune créature vivante.

"Sauf dans votre travail."

«Ils travaillent à leur propre salut. Ils n'ont rien à voir avec moi, pas plus que la femme dans l'escalier.

"Mais tu les aimes."

(Il les avait rendus aussi réels pour elle que pour lui-même.)

«Ils ne me laissent pas tranquille. Ils veulent vivre... Mais ils ne peuvent vivre que sur scène.

Il secoua la tête et dit avec une arrogance suprême :

"Comme ils le feront lorsque la scène leur sera adaptée."

Elle ne pouvait plus supporter la tension, et pour le ramener à la réalité, elle dit :

'Quel âge as-tu?'

'Trente et un.'

Son prochain geste l'a horrifiée. Il s'avança, saisit son manuscrit et le déchira en fragments.

'Là!' il a dit : 'êtes-vous satisfait ?'

'Non. C'était puéril de votre part... Vous n'aurez qu'à vous asseoir et à tout recommencer.

«Je jure que je ne le ferai pas. Je le jure. C'est fini. Tout cela est fini... Je ne sais pas comment je recommencerai un jour. Peut-être que je ne le ferai pas... Toute la nuit dernière, j'ai lutté pour m'en éloigner, pour éviter d'y faire face... Ils sont tous mesquins, ignobles et pitoyables ; La plupart d'entre eux sont atteints de maladies cérébrales ; et pas apte à vivre dans le même monde que toi. Ils ne sont pas dignes d'être exposés sur la scène publique, ces pauvres petits gens modernes et nerveux, avec leurs instincts desséchés et leurs pensées flétries, intelligents et impuissants, pourrissant dans l'inaction... Non. Tout va mal. J'ai été un imbécile, mais je ne pouvais pas faire semblant... Je pense que je le savais dans ma tête, mais il fallait que tu me le ramènes à la maison.... Je ne suis pas apte à vivre dans le même monde comme toi. Je n'aurais pas dû vous voir aujourd'hui...

« Tu ne peux pas rire de toi-même ? »

'Rire! Mon Dieu, je ne fais rien d'autre.

«Je veux dire… heureusement. Vous ne seriez pas vous-même si vous ne faisiez pas d'erreurs – pour apprendre. Vous deviez en apprendre davantage sur votre travail que simplement ses ficelles. N'est-ce pas ? Vous détestez jouer. Mais c'est pareil là-bas. Je voulais en savoir plus que les astuces.

« Oui, c'est ça ; pour apprendre les ficelles et rester décent. C'est pour ça qu'on se démarque.

Clara lui tendit la main :

'Très bien alors. Nous nous comprenons et il n'y a rien de si terrible dans ma présence à l'Imperium. Y a-t-il?'

Il lui tenait la main. Elle voulait qu'il l'attire à lui, qu'il la serre contre lui, qu'il le réconforte pour tout ce qu'il avait perdu ; mais une fois de plus il fut gouverné par son humilité, et il se contenta de s'incliner profondément et de la remercier chaleureusement de sa générosité en donnant à un si pauvre diable comme lui une journée aussi exquise.

Rien n'a été dit sur une autre réunion. Alors qu'il l'emmenait dans les escaliers, la porte de l'appartement du dessous s'ouvrit et un visage de femme apparut. Près du bas des escaliers, ils rencontrèrent un homme en queue-de-pie et haut-de-forme qui se faufila devant eux, ôta son chapeau et le tint devant son visage, mais avant de le faire, Clara avait reconnu M. Cumberland, autrefois M. Clott.

« Est-ce que cet homme vit ici ? elle a demandé à Rodd à la porte.

Rodd regarda vers les escaliers.

«Non-o», dit-il. 'Non. Je pense l'avoir déjà vu, mais il y a beaucoup de gens qui vivent dans la maison. Gens étranges. Ils vont et viennent, mais je suis assis là, dans ma chambre à l'étage, à regarder la cime des arbres, à travailler...'

« Tu devrais prendre contact avec le théâtre, dit Clara ; 'avalez vos scrupules et découvrez que nous ne sommes pas si mauvais après tout.'

Ils restèrent quelques instants sur le large seuil. Il faisait nuit maintenant et les lampes étaient allumées. Les amoureux se promenaient sous les arbres, et contre les grilles du jardin, des couples opposés s'enfermaient.

« Vous transformez un jour d'août en printemps », a déclaré Rodd.

Clara lui tapota affectueusement la main et, pour s'arracher, courut sur la place et tourna au coin. Elle tremblait de tous ses nerfs à cause de la tension de tant de conflits, et elle s'en voulait d'avoir pris une si haute main avec lui. Il était plus respecté que n'importe quel homme qu'elle avait jamais rencontré, et pourtant elle l'avait – du moins c'est ce qu'elle pensait – l'avait traité comme s'il était un autre Charles. Elle ne pouvait pas mesurer l'immensité de ce qui lui était arrivé et ses pensées se tournaient vers des détails pratiques. Quel âge cela semblait-il depuis qu'elle avait marché allègrement en chantonnant : « C'est moi à Londres ! Et comme c'était étrange, comme c'était menaçant, que dans les escaliers elle ait rencontré M. Clott ou Cumberland !

XIII

'LA TEMPÊTE'

Il y avait encore des saisons à cette époque : l'automne, les vacances de Noël et le printemps. En août, alors que le reste du monde était en vacances, les théâtres, nettoyés et renouvelés pour une nouvelle tentative de conquête de la multitude (qui est invincible, parcourant ses millions de chemins différents), étaient remplis de gens pleins d'espoir et occupés, espérant le succès. pour leur donner le temps tranquille et facile et la sécurité qui, toujours recherchée, n'arrive jamais.

L'Imperium avait été retapissé et redécoré, et cela avait été dûment annoncé. M. Smithson, dans le loisir que lui laissait le fait d'être déchargé de l'entière responsabilité du décor, avait peint un nouvel acte, dont des photographies parurent dans les journaux. M. Gillies a été interviewé. Sir Henry a été interviewé, Charles Mann a été interviewé. La boule de la publicité a continué à rouler joyeusement. Même M. Halford Bunn, le célèbre auteur dont la nouvelle pièce avait été repoussée, prêta main forte en s'attaquant au nouveau décor grincheux dans les colonnes d'un quotidien respectable, et en donnant lieu à une longue correspondance dans laquelle Charles jouait un rôle important. d'injures chaleureuses au motif qu'il avait offert à d'autres pays les cadeaux qui appartenaient au sien. Il se lança dans la mêlée et fit remarquer qu'il avait quitté son pays parce qu'il était plus agréable de mourir de faim sous un climat ensoleillé.

Il était enivré par l'attente de son triomphe. Les difficultés pratiques qu'il avait créées et celles qui lui avaient été posées par M. Gillies et M. Smithson avaient été surmontées, et de voir ses desseins se réaliser effectivement en grand sur des toiles de fond, des ailes et des gazes, lui donnait ce sentiment de solidité qui, s'il était entré dans sa vie auparavant, aurait pu faire de lui une personne presque normale... Clara devait être Ariel. L'enfant bien-aimé devait apporter la magie de sa personnalité pour allumer la beauté qu'il avait créée dans les formes et les couleurs . Il était presque réconcilié avec l'idée que les personnages du fantasme soient incarnés par des hommes et des femmes.

Sir Henry était revenu en ville enthousiaste et impatient. Mann et Clara formaient une combinaison suffisamment forte pour briser la tyrannie de l'usage social de la devanture de la maison sur l'emploi artistique de la scène. Cette saison, en tout cas, Lady Butcher et Lady Bracebridge ne devraient pas faire les choses à leur manière.

Il y a eu un léger revers et une légère déception. Un imprésario parvenu a ramené d'Allemagne une production dans laquelle la forme et le design avaient brisé le naturalisme. Celui-ci fut présenté dans l'une des salles et connut un succès instantané, et Charles, dans un accès de jalousie, écrivit une attaque malheureusement malveillante contre le producteur allemand, l'accusant de lui avoir volé ses idées. Sir Henry, publiciste né, était furieux et menaçait d'abandonner son projet. La bonne ligne à adopter était de saluer le produit allemand et, avec une référence appropriée aux colorants Perkins et à l'aniline, de montrer timidement ce que Londres pouvait faire... Il était si furieux contre Charles qu'il s'enferma dans l'aquarium et a refusé d'appeler aux répétitions.

Clara le vit et il lui reprocha :

« Pourquoi avez-vous amené cet homme terrible dans mon beau théâtre ? Il a bouleversé tout le monde, depuis Gillies jusqu'au call-boy, et maintenant il a fait de nous la risée, et cet imprésario est en mesure de dire que nous sommes jaloux. Nous, les artistes, devons tenir ensemble, sinon les hommes d'affaires nous joueront comme des quilles, et où sera alors le théâtre ?... Où serais-tu, ma chère ? Ils vous obligeraient à vous déshabiller et à courir sur scène avec beaucoup d'autres jeunes femmes, et appelleraient cela de l'art... Le théâtre est soit un temple, soit c'est dans la civilisation occidentale ce qu'est le marché aux esclaves. l'est. Votre foutu imbécile ne peut rien voir en dehors de son propre paysage. Il pense qu'il est plus important que moi ; mais un relieur est-il plus important que John Galsworthy ?

« Tu ne dois pas être si en colère. Personne ne prend Charles au sérieux sauf dans son travail. Tout le monde s'attend à ce qu'il fasse des bêtises. Vous pouvez facilement y remédier avec une lettre digne.

"Mais je ne peux pas dire que mon propre peintre de décors soit un idiot."

— Vous n'avez pas besoin de le mentionner, dit Clara. "Dites simplement à quel point vous admirez la production allemande et parlez de la renaissance du théâtre."

Sir Henry prit avec mesquinerie un stylo et du papier, écrivit une lettre et la lui tendit.

'Cela fera-t-il?' Il a demandé.

Elle le lisait, l'approuvait et admirait son habileté. Il y a eu des compliments à tout le monde et Charles n'a pas été mentionné.

« Ces choses *sont* importantes », a déclaré Sir Henry. « Le bon déroulement de la publicité préliminaire représente la moitié de la bataille. Cela vous donne vos audiences pendant les trois premières semaines, et cela inspire confiance à la presse. C'est le plus important... J'étais vraiment sur le point de tout gâcher. Lady Butcher n'aimerait rien de mieux.

« Je pense que Verschoyle serait offensé si vous le faisiez.

'Ah! Verschoyle … » Sir Henry la regarda avec méfiance. Même s'il le voulait, il n'était jamais tout à fait à l'aise avec elle. Elle n'était pas calculable comme les femmes qu'il avait connues. Ce qu'ils voulaient, c'étaient des choses précises et presque toujours matérielles, tandis que ses objectifs étaient secrets, subtils et, comme il le soupçonnait parfois à moitié, hors de sa portée. Elle était nouvelle. C'était sa fascination. Elle appartenait à ce monde étrange qui naissait de musiques rythmées discordantes, de ballets et de romans russes, d'une sorte de poésie que n'importe qui pouvait écrire, de modes qui lui paraissaient indécentes, d'une société plus turbulente et tapageuse que jamais. La Bohême de son époque l'avait été, parce que les femmes – les dames aussi – en étaient l'âme motrice et que les femmes n'observaient jamais les règles d'aucun jeu... Et pourtant, à sa manière enfantine et sentimentale, il l'adorait et s'accrochait à elle. comme s'il pensait qu'elle pourrait l'emmener dans ce nouveau monde.

«Je ne peux pas continuer avec Mann», dit-il presque en larmes. «C'est trop inquiétant. On ne sait jamais ce qu'il va faire, et après tout, le théâtre, c'est un business, n'est- ce pas ?... N'est-ce pas ?

«Je suppose que oui», répondit Clara.

C'était extraordinaire de sentir la grande machine du théâtre prendre de l'ampleur pour le lancement de la pièce. C'était merveilleux de se laisser entraîner, au fur et à mesure des répétitions, dans la plus belle fantaisie jamais créée par l'esprit humain. Clara s'y est lancée corps et âme. La vie en dehors de la pièce a cessé pour elle. Elle vivait entièrement entre ses chambres et la scène du théâtre. Contrairement aux autres musiciens, lorsqu'elle n'était pas recherchée, elle regardait le reste du morceau, s'y abandonnait complètement et découvrait continuellement un vaste pouvoir de sens dans des mots qui lui étaient si familiers qu'ils étaient devenus comme une musique mémorisée. , une pensée habituelle sans référence consciente à quoi que ce soit sous le soleil... Et à mesure que son sens de la beauté de la pièce devenait plus vivant pour elle, de même elle voyait l'appareil qui la maintenait en mouvement comme de plus en plus comique... M. Gillies avait mille et un points sur lesquels il consultait son chef avec le mépris le plus impitoyable du travail en cours sur scène . Lady Butcher entrait en trombe, prenait Sir Henry à part et lui murmurait des mots comme Bracebridge – Sir George – Lady Amabel – Premier ministre – Chancelier – sifflaient. Puis, lorsque la répétition reprenait, elle restait à l'observer avec le sourire indulgent de la femme d'un vicaire lors d'une friandise scolaire... Au cours de la scène exquise entre Prospero et Miranda, un jour, la porte du décor s'est ouverte en grand et M. Smithson est arrivé avec un une petite armée d'hommes qui jetaient des pots de peinture sur les planches, jetaient des marteaux et se précipitaient à travers la scène avec des chaussures plates et des toiles anti-mouches. Pourtant, malgré tous ces accidents introduisant l'esprit burlesque, la pièce a survécu.

Sir Henry tolérait les interruptions jusqu'à un certain point, mais, lorsqu'une femme de ménage dans l'auditorium commençait à effleurer ou à allumer une lumière soudaine, il se retournait et rugissait dans l' obscurité :

« Arrêtez ce vacarme ! Comment puis-je répéter si je suis continuellement distrait ! Partez et nettoyez ailleurs ! Nous ne pouvons pas être propres maintenant... S'il vous plaît, continuez.

Le casting était composé d'acteurs très distingués et très bien payés, tous les principaux étant des dames et des messieurs qui préféraient ne pas travailler plutôt que d'accepter moins de vingt ou vingt-cinq livres par semaine. Un ou deux étaient des jeunes supérieurs qui affectaient de mépriser l'Imperium, mais avouaient avec un sourire que l'argent était très utile. Ils étaient aussi plutôt méprisants envers Charles parce qu'il n'était pas intellectuel.

Charles a d'abord assisté aux répétitions et a tenté d'intervenir, mais a été publiquement réprimandé et invité à s'occuper de ses propres affaires. Il y aurait eu une furieuse querelle, mais Clara s'approcha de lui et l'entraîna juste à temps. Il resta absent pendant quelques jours, mais revint et s'assit sombrement dans l'auditorium. Il avait quitté sa maison meublée et se trouvait dans des pièces situées au-dessus d'un magasin de jambon-bœuf, qui, disait-il, avaient l'avantage d'être chaudes.

« Ce n'est pas une production, grommela-t-il, c'est une ruée. Il gâche tout avec son jeu d'acteur, qui est mi-victorien. Il devrait tout t'enlever, poulette... Tu sais ce que je veux. Vous me comprenez. La technique du reste est totalement fausse. C'est une technique pour détourner l'attention du paysage, une prise d'assaut brute et totale dans une grange.... Faites, demandez-lui de me laisser aider ! Que peut-il faire, entrer et sortir de la pièce et discuter de cent et une choses avec tous ces imbéciles qui ne cessent d'accourir ?

« Vous auriez dû le stipuler dans votre contrat », dit-elle. 'C'est trop tard maintenant. Il connaît son affaire, Charles, si seulement les gens le laissaient tranquille.

donc encore quelques jours. Clara était de plus en plus absorbée. La réalité magique d'Ariel surpassait tout le reste de sa vie, à l'exception du souvenir de Rodd dans sa chambre vide, et qu'elle souhaitait également effacer, car elle était pleine d'un pressentiment de danger et était convaincue que par ce dévouement d'elle-même au théâtre, elle pouvait le dominer. Elle ne parvenait pas à définir le danger, mais il menaçait Charles, et il menaçait Rodd, qu'elle avait décidé de ne plus revoir.

Sir Henry était ravi d'elle et disait qu'elle avait rajeuni son propre art.

«Je jouais à Caliban», a-t-il déclaré. "Mais Prospero est le rôle s'il doit y avoir un Ariel qui peut bouger comme vous pouvez bouger et parler d'une voix de fée comme vous pouvez parler... Le reste de la pièce est entièrement dans le travail quotidien....

« Va te faire comme une nymphe de la mer : ne sois soumis
à aucune vue autre que la tienne et la mienne, invisible à tous les autres
globes oculaires.

Et pour Clara, c'était presque littéralement vrai. Elle se sentait comme un esprit évoluant parmi ces gens abandonnés sur cette île du West End de Londres, tous envoûtés par l'argent de cette grande ville rugissante, tous esclaves, tous amphibies, vivant entre deux éléments, l'actuel et le l'imaginé, mais dans aucun des deux, à cause du charme qui les liait pleinement et passionnément... Vivant dans la pièce, elle voyait Sir Henry fusionner dans Prospero, et quand il disait : —

"Tu seras aussi libre
que les vents des montagnes : mais alors fais exactement tous les points de
mon commandement,"

elle prenait cela également au sens littéral et était heureuse de s'abandonner à une volonté plus puissante que la sienne... Elle ne savait pas que la volonté qu'elle reconnaissait était celle de Shakespeare et qu'avec sa rare capacité à vivre dans l'imagination, elle était s'insinuer dans la sienne et accepter la vie, gagner sa liberté, selon ses conditions.

Après un certain temps, son esprit commença à affecter toute l'entreprise. Elle créa un enchantement dans lequel tout se mouvait, et Charles, la regardant, commença à mieux comprendre l'art qu'il avait perçu pour la première fois en elle le jour où il avait tenté de la forcer, comme une main exercée , à capturer et à fixer un objet apparemment accidentel. effet... Ce n'était pas un hasard. La jeune fille était dotée d'un génie dramatique rare, entièrement intact, assez pur et assez fort pour subsister et se mouvoir dans l'atmosphère théâtrale de l'Imperium... De plus, Charles comprenait qu'elle se battait pour ses idées et qu'elle était , sous ses yeux, rendant possible leur réalisation.

Vous pourriez parler et discuter avec Sir Henry jusqu'à ce que vous ayez le visage bleu, mais donnez-lui un vrai jeu d'acteur et il comprendra immédiatement, s'enflammera et deviendra fertile en invention, voire courageux en innovation. Donnez-lui cela, et il abandonnerait toute pensée du public et des journaux, et sacrifierait jusqu'à l'importance de sa propre personnalité au service de cet art qu'il adorait. Ainsi, à mesure que les répétitions avançaient, il devenait plus attentif, était moins patient avec les interruptions et finit par les arrêter complètement. Il s'intéresse à son propre rôle et se bat avec les acteurs qui partagent ses scènes avec lui.

« Jamais, dit-il à Clara, je n'ai autant apprécié les répétitions. Je crains seulement que tout se passe trop bien. Nous serons trop mûrs à cause de la production....'

Il reprit des relations cordiales avec Charles et lui lança une ou deux suggestions quant aux décors et aux costumes que Charles, qui avait commencé à apprendre les éléments de la diplomatie, feignit de noter. Sir Henry était magnanime. Il évitait sa femme et ses amis habituels et se consacrait à Charles et Clara, que son œil de forain avait identifiés comme une propriété potentiellement très précieuse.

«Cela devrait être le début de grandes choses pour toi, mon garçon», dit-il à Charles. "Vous aurez tous les managers à vos pieds, mais l'Imperium est le lieu idéal pour le gros travail, l'attaque audacieuse, la ligne de balayage..."

Charles se méfiait un peu d'une telle conversion totale. Il connaissait ces enthousiasmes pendant les répétitions, et il était mal à l'aise parce que son espérance d'une richesse illimitée ne s'était pas réalisée. Il avait dépensé son avance et ne pouvait en obtenir une autre de M. Gillies, qui le détestait et considérait son invasion du théâtre comme une rupture ruineuse avec ses traditions. Clara M. Gillies considérait simplement l'un des engouements de son chef. Ils n'ont jamais duré très longtemps. Il avait vu son chef se précipiter à maintes reprises au bord du désastre, mais il s'était toujours retiré juste à temps... M. Gillies était comme un vent d'est perpétuel soufflant sur le bonheur de Charles. Sans M. Gillies, la richesse aurait été illimitée... C'était monstrueux : Verschoyle avait soutenu le talent de Charles et M. Gillies était assis sur l'argent. Butcher pouvait le dépenser royalement, mais Charles devait souvent se rendre chez Clara et lui demander le prix de son déjeuner. Au sommet de sa gloire, avec le succès presque à sa portée, il dut presque mourir de faim, car le génie n'a pas de crédit.

Il n'y avait rien à faire à ce sujet. Il empruntait ici et là, mais savait que cela ne l'aidait pas vraiment. Cela faisait simplement circuler des rumeurs sur sa situation financière, et il ne voulait pas que Butcher ou Verschoyle sachent que l'argent coulait entre ses doigts. Il souhaitait leur soutien après ce succès pour faire avancer ses projets. Il emprunta donc à Clara, et elle, totalement indifférente à tout sauf au développement captivant de la pièce, permit à Sir Henry de payer sa nourriture, de lui donner ses repas seule avec lui dans l'aquarium, et même de lui acheter des vêtements et des bijoux. Elle ne s'y intéressait pas le moins du monde, mais, comme il semblait lui faire plaisir de lui faire des cadeaux et des attentions, elle le souffrait, et ne songeait pas un instant à la tournure que prenait son engouement.

Au fur et à mesure qu'elle progressait dans son travail , elle sentait qu'elle réalisait ce qu'elle désirait, une passion pour son art égale à celle de Rodd. Pendant un certain temps, elle avait mis de côté toute pensée le concernant, mais à mesure qu'elle gagnait en maîtrise et en pouvoir sur toute l'activité de la scène, il réapparut dans son esprit, et elle put lui faire face avec un plus grand sentiment d'égalité, avec plus de compréhension. et sans cette jalousie dont le souvenir la blessait... Elle avait acquis un sentiment de loyauté envers l'art qui était plus grande que la loyauté envers Charles. Elle l'avait sauvé, aidé, amené jusqu'ici. Il doit désormais apprendre à voler de ses propres ailes. Elle était heureuse de l'avoir quitté.

Toutes ces considérations semblaient très lointaines à mesure qu'elle s'enfonçait de plus en plus profondément dans la pièce, qui contenait pour elle une réalité introuvable dans la vie. Elle est devenue Ariel, une pure imagination, se mouvant dans un air enchanté, chantant la liberté et une beauté au-delà de tout ce qui est visible.

« Vous êtes trois hommes de péché, que le destin
qui doit instrumenter ce monde inférieur
et ce qui s'y trouve , la mer jamais rassasiée
, vous a fait vomir ; et sur cette île où l'homme n'habite pas...'

Jetant des sorts sur les autres, elle semblait les jeter sur sa propre vie ; et c'était incroyable pour elle de penser qu'elle était la même Clara Day qui était venue si gaiement à Londres avec Charles Mann pour l'aider à conquérir son royaume. La scène de l'Imperium était pour elle, en vérité, une île magique où des merveilles s'accomplissaient, et elle, par une inspiration plus puissante que sa propre volonté, pouvait d'un simple toucher transformer toutes choses et personnes autour d'elle ; et quand Sir Henry, répétant le personnage de Prospero, lui dit :

"Alors aux éléments
Soyez libre et portez -vous bien."

les mots résonnaient profondément dans son cœur, et elle les prenait comme une véritable invitation à se libérer de tout ce qui avait enchevêtré et encombré sa propre vie. Alors elle a rêvé.

Elle eut un réveil brutal une nuit lorsque, après un dîner seul dans l'aquarium avec Sir Henry, il rompit un long silence maussade en posant sa main sur la sienne, la tirant de sa chaise et la serrant contre son cœur pendant qu'il l'embrassait dans les bras. , les épaules, le visage, les cheveux et pleuré,—

« Tu es un enfant merveilleux, merveilleux. Je t'aime. Je t'aime. Je t'aime depuis que je t'ai vu pour la première fois. J'ai alors su que l'amour de ma vie était venu… Espèce d'enfant merveilleux et intact… »

Il essaya de la forcer à l'embrasser, à la forcer à croiser son regard, mais elle lutta avec lui et le repoussa pour lâcher prise.

'Comment peux-tu? Comment peux-tu! Comment peux-tu?' elle a demandé.

"Je n'ai jamais oublié cette merveilleuse nuit au clair de lune..."

«S'il vous plaît, soyez raisonnable», dit-elle. « Est-ce qu'un homme ne sait jamais quand une femme l'aime ou non ? »

"Ils ne nous aident pas beaucoup", répondit Sir Henry avec un sourire nerveux. « Tu étais si heureux… pensai-je. Ne sois pas en colère contre moi ! Depuis, je n'ai pensé qu'à toi....'

« Une nuit au clair de lune et un dîner au champagne », dit-elle. « Est-ce que c'est la même chose pour vous ?

« L'amour triomphe de tout », dit sir Henry d'un ton un peu sentencieux. Il était dégoûté. Elle ne jouait pas le bon rôle dramatique ; mais elle n'a jamais fait aucune des choses attendues. Les conventions ordinaires des femmes n'existaient pas pour elle.

Elle s'était éloignée le plus possible de lui et se tenait devant le portrait de Teresa Chesney.

« Il ne faut plus jamais parler ainsi, dit-elle, sinon je ne resterai pas au théâtre... Ce n'est pas seulement la vulgarité que je déteste, mais que vous auriez dû mal comprendre... J'étais heureux de travailler avec vous dans la pièce. Tout ce qui se passe à l'extérieur n'a pas d'importance.

"Pas d'amour... Pas d'amour", protesta Sir Henry.

«Même l'amour», dit-elle.

«Je pensais que tu m'aimais bien», marmonna-t-il. «J'étais si heureuse de vous offrir des cadeaux. Je pensais que tu m'aimais... Un homme dans ma situation ne trouve pas souvent que les gens l'aiment.

— C'est ce que je fais, dit Clara. « Vous ressemblez beaucoup à Charles. C'est pourquoi je vous comprends.

Sir Henry grimaça. Dans son cœur, il méprisait profondément Charles Mann. Il but une coupe de champagne et dit nerveusement :

"Je suis content que nous n'allions pas nous disputer... Pardonnez-moi."

«Vous m'avez tout gâché», dit-elle. « Tout est gâché. »

Elle serra les poings et ses yeux brillèrent de fureur sur lui.

« Comment oses-tu me traiter comme une femme alors que je ne m'étais jamais révélée à toi ? N'est-ce pas là qu'un homme devrait avoir un certain honneur ? ... Vous devez me comprendre si je veux rester au théâtre. Si une femme se révèle à un homme, elle en est responsable. Elle n'a rien à dire si... je ne pense pas que tu comprennes.

'Non.' Et en effet, elle aurait pu lui parler grec. La femme insultée qu'il connaissait, la femme vertueuse qu'il connaissait, la coquette frauduleuse qu'il connaissait, l'estime de soi extravagante des femmes qu'il connaissait, mais jamais auparavant il n'avait rencontré une femme simple et sincère, capable de mettre de côté tout sauf l'essentiel et parlez-lui comme un homme aurait pu le faire, avec détachement de ce qui s'était passé.

« Si vous pensez que je suis un voyou, pourquoi ne le dites-vous pas ? Pourquoi tu ne me frappes pas ?

«Je ne pense pas que vous soyez quelque chose de ce genre. Je pense que tu as été gâté et que tout a été trop facile pour toi... Je suis blessé parce que je pensais que tu voulais Charles et moi pour le théâtre et non pour toi.

' *L'état c'est moi* , sourit Sir Henry. « Je suis le théâtre... Toute cette immense machinerie est ma création. Mon cerveau ici est la puissance qui le fait fonctionner. Si je devais mourir demain, il y aurait quatre murs et M. Gillies... Pensez-vous qu'il pourrait en faire quelque chose ? Charles Mann le pourrait-il ? Pourrais-tu?'

«Oui», dit Clara, et il rit. Il n'avait jamais été en compagnie aussi envoûtante. Si elle ne voulait pas qu'il fasse l'amour, tant mieux. Au moins, elle lui faisait bénéficier de sa franchise et il n'avait pas besoin de poser avec elle. Il était heureux qu'elle devienne une fille sensée... Elle pourrait changer d'avis et chaque jour ne ferait que la rendre plus adorable.

"Asseyez-vous et prenez des chocolats." Il lui parlait comme à une enfant et, comme une enfant, elle lui obéissait, car elle s'alarmait qu'il use de sa prérogative capricieuse et renverse *La Tempête* au dernier moment.

« Que feriez-vous du théâtre ?

«Je devrais renvoyer M. Gillies.»

« Un excellent homme d'affaires. »

"Pour les actions ou les bottes, mais pas pour l'art."

"Il a une influence stabilisatrice."

"L'art est suffisamment stable, si c'est de l'art."

« Mon *cher* enfant ! »

"Si vous ne le savez pas, alors vous n'êtes pas un artiste."

'Oh! Diriez-vous que Charles Mann est stable ?

«Je devrais penser à la pièce en premier et en dernier.»

"Il n'y a personne pour les écrire."

« Je devrais parcourir le pays à la recherche de gens imaginatifs et les faire réfléchir en termes de théâtre. En plus, il y a du monde !

'Oh!'

'Oui. Il y a des gens qui aiment tellement le théâtre qu'ils ne peuvent pas s'approcher du théâtre.

Il éclata de rire et, pour le convaincre, elle lui raconta Adnor Rodd et sa chambre nue, où, sans aucun espoir de public, il écrivait ses pièces et les vivait avec plus de passion qu'il n'était possible de le faire dans la vie.

Sir Henry secoua la tête.

« Cela ne me dérange pas de parier, dit-il, qu'il a quelque chose qui ne va pas chez lui. Soit il boit, soit il a une épouse impossible, soit il aime les mauvaises compagnies, soit... Non. De telles personnes n'existent pas.

'Mais il y a.' Et elle lui raconta qu'elle avait passé une journée entière avec Rodd et qu'elle était rentrée chez elle avec lui pour voir ses chambres.

'Seul?' demanda sir Henry.

'Oui.'

"Alors si tu étais ma copine, je devrais te donner du pain et de l'eau pendant une semaine."

Pour le convaincre, elle essaya de lui raconter comment elle avait lutté pour surmonter les objections de Charles quant à l'utilisation pratique de son talent, et l'avait forcé à venir à Londres... Dans son empressement et dans son bonheur de l'avoir amené à son sens, elle a perdu de vue qu'elle révélait sa propre histoire. Il l'a élevée avec :

« Êtes-vous mariée à Charles Mann ?

«Oui,» dit-elle, son cœur battant.

«Je ne savais pas», répondit-il nonchalamment. Son attitude envers elle a changé. Il était toujours doux et gentil, et insipide dans son esprit espiègle, mais sous la surface, il était brutal, vengeur, cruel, et elle ressentait la force de l'égoïsme impitoyable qui lui avait valu sa position malgré des handicaps qui l'auraient gêné et elle a même arrêté un homme moins énergique... Au même instant, elle a compris que ce qui avait été pour elle une réalité glorieuse et charmante avait été un jeu pour lui ; et qu'il avait l'intention, sans le moindre scrupule, de mettre Charles et elle-même à son propre profit... Eh bien, pensa-t-elle, il pourrait essayer, mais il ne pouvait empêcher aucun d'eux de se faire une réputation, et ni l'un ni l'autre ne sombrerait jamais dans la situation, la docilité mécanique des joueurs londoniens.

Sir Henry alluma un gros cigare et se dirigea vers le feu.

« Qu'en pense Verschoyle ?

Elle savait qu'il faisait insolemment allusion à son mariage avec Charles, mais elle détourna le ton en disant :

« Il est ravi de tout cela. Il croit en Charles.

"Hm... Même les oiseaux et les poissons ?"

« Qui vous a parlé de ça ? »

"Londres ne laisse pas mourir une bonne histoire."

' Verschoyle était présent...'

'Oh!'

La situation devenait insupportable. Sir Henry était aussi dur, aussi satisfait et aussi inadmissible qu'un promoteur d'entreprise prospère. Cette révélation soudaine de son égoïsme, sa méfiance à l'égard de la protection de l'idéal qu'il avait atteint en sa propre personne, ont fait sortir Clara de son innocence juvénile et lui ont fait prendre douloureusement conscience que les faits de sa vie interdisaient l'impersonnalisme qui avait rendu possible tant de réalisations. .... Il était tout à fait clair pour elle que Sir Henry avait l'intention d'établir une relation personnelle si elle voulait conserver ce qu'elle avait gagné, et il était tout aussi clair qu'il ne pouvait pas lui créditer, ni à Charles, ni à quiconque d'autre. motivation plutôt que par ambition personnelle. Il connaissait son monde, il connaissait son théâtre. Une ambition satisfaite a son prix, et il n'avait jamais rencontré d'homme ou de femme qui réussissait et qui ne payait pas de bonne grâce, comme lui-même l'avait fait.

Son cerveau travailla rapidement sur cette nouvelle matière intraitable, cette révélation déconcertante du fait que la réussite et l'art sont dans le monde moderne deux choses bien différentes, l'une appartenant à la foule, l'autre à la solitude... Ce vieil homme aurait pu attendu. Il lui aurait peut-être donné sa chance. Ce n'était pas vrai. Elle n'accepterait pas qu'il puisse être vrai qu'elle ne puisse avoir son succès qu'à son prix, le prix qu'il avait payé, lui et tous les autres, Julia Wainwright, Freeland Moore, et la perte du respect et de la simple humanité... C'était donc pour cela que Charles s'était enfui du théâtre. Certaines choses, certains éléments du caractère humain étaient trop sacrés pour être présentés à la foule.

Elle se souvient de ses premières difficultés lorsqu'elle s'est lancée dans le théâtre. Elle avait gagné grâce à eux et s'était crue victorieuse pour ensuite se retrouver confrontée une fois de plus aux dures réalités : soit accepter l'intrusion de l'élément personnel dans ce qui devrait être un service impersonnel, soit reconnaître sa défaite. l'un ni l'autre.

Si seulement elle pouvait pleurer. La femme en elle calculait. Si seulement elle pouvait pleurer ! Mais là où une autre femme aurait pleuré, elle ne le pouvait pas. Elle ne pouvait que se tourner vers sa volonté et en tirer davantage de force. C'était tellement exaspérant, tellement idiot, que jouer une pièce de théâtre entraîne un tel prix. Cela rendait les choses trop sérieuses. Qu'est-ce que c'était après tout ? Juste l'instinct du jeu organisé , et qu'était le jeu sans une joie heureuse ? Si seulement elle pleurait, le vieillard obstiné et attaché à son succès fondrait ; il serait gentil ; il renoncerait à toutes ces absurdités qui bourdonnaient dans son cerveau dispersé... Ce qu'il ne supportait pas, c'était la sincérité et une volonté détournée vers d'autres fins que la sienne... Cela la faisait trembler de rage à l'idée que toutes ses son enthousiasme pour la pièce, le véritable travail qu'il avait consacré aux répétitions, son mépris de M. Gillies et de sa femme, tout cela n'était dû qu'au fait qu'il s'imaginait, dans sa vanité brisée, être amoureux d'elle. C'était trop ridicule, et le méprisant, se détestant elle-même, elle décida que s'il voulait jouer , il aurait dû jouer, et elle éclata en un torrent de larmes tirées d'une émotion entièrement fictive... Aussitôt, Monsieur. Henry eut le signal qu'il attendait... Il bondit et s'approcha d'elle, la main sur le cœur.

Ne pleure pas, petite fille, dit-il. « Ne pleure pas… Harry est avec toi. Harry veut seulement être gentil avec elle et aider sa pauvre petite fille dans ses ennuis... Elle sera la plus grande actrice du monde.

'Jamais!' pensa Clara, son cerveau fonctionnant plus clairement maintenant qu'elle avait installé cet écran de larmes entre elles.

Il lui tapota la main et lui caressa les cheveux, et fut à nouveau sublimement heureux. Il s'était presque attendu à des ennuis de la part de cette créature inexplicable et déroutante, dont la volonté et l'esprit étaient plus forts que les siens. Il était encore un peu méfiant, mais il prenait ses larmes pour un acquiescement à ses projets pour elle, et en la tenant dans ses bras, il avait l'intense satisfaction de considérer Charles Mann comme un sale voyou pour qui tirer était une fin trop nette.

XIV

VERSCHOYLE S'OUBLIE

Lord Verschoyle avait imaginé qu'en créant pour l'Art, il serait capable de se libérer des desseins prédateurs. Il ne tarda pas à découvrir son erreur et qu'il s'était plongé au cœur même de la Société qu'il souhaitait éviter, car l'Imperium, tel qu'utilisé par Lady Butcher et Lady Bracebridge , était un puissant moteur du monde politico-financier. qui dominait Londres. Verschoyle, dans sa simplicité, avait vu la métropole comme étant composée de mamans et de filles déterminées qui se précipitaient sur lui de toutes parts. Il découvrait maintenant qu'il y avait plus que cela et que le mariage n'était qu'un des nombreux mouvements dans un jeu compliqué... Lady Bracebridge avait une fille. Lady Butcher avait un fils qu'elle avait conçu pour une carrière politique, dans laquelle il était entré comme secrétaire adjoint d'un sous-secrétaire. Comprenant que Verschoyle perdait facilement la tête, comme dans ses relations apparentes avec Clara Day, ils entendirent l'entraîner dans la société politique où les têtes sont définitivement et irrévocablement perdues.... Il détestait la politique et ne pouvait pas la comprendre, mais le jeune Butcher le hantait. , et Lady Bracebridge lança autour de lui un réseau d'invitations auxquelles il ne pouvait trouver aucun moyen d'échapper. Ils se justifièrent en disant qu'il fallait le sauver de Clara, et il se trouva de plus en plus éloigné, et de plus en plus soumis à une pression croissante, dont le but semblait être de l'engager à soutenir l'Imperium et le groupe Fleischmann qui détenait une part mystérieuse dans son contrôle... Il en savait assez sur la finance pour se rendre compte qu'il y avait plus dans tout cela que ce que l'on pensait, et après enquête, il découvrit que le groupe Fleischmann déchargeait des Argentins partout dans Londres. , et en temps voulu, on lui offrit un bloc d'actions qu'il accepta aimablement après un admirable dîner chez les Bracebridge .

Le réseau était trop compliqué à démêler pour lui, mais, en mettant deux et deux ensemble, il a supposé que l'Imperium avait dû perdre bien plus que ce qu'il valait pour le groupe Fleischmann, et que par conséquent des sacrifices devaient être offerts. . Il était le sacrifice. Cela ne le dérangeait pas. Ses administrateurs seraient furieux s'il devait enfin leur rendre compte de cette aventure, mais il s'opposait à ce que Charles et Clara soient utilisés pour tenter désespérément de raviver le soutien languissant du public.

Charles et Clara étaient totalement innocents de toute intrigue. Ils donnaient simplement ce qu'ils avaient en eux, sans compter sur le profit futur, et avec la confiance la plus naïve envers les autres, sans se douter qu'ils n'étaient pas aussi simples qu'eux-mêmes. Donc Verschoyle maudissait sa propre indolence qui l'avait engagé à la fois dans l'Imperium et dans le groupe Fleischmann.

En réfléchissant au problème, il comprit que Charles et Clara pouvaient être licenciés, et qu'ils le seraient probablement dès que cela lui conviendrait. Le véritable contrôleur de l'Imperium était Lady Bracebridge , dont les compétences en intrigue valaient dix mille dollars par an aux yeux de Sir Julius Fleischmann. Elle a joué sur Lady Butcher, Lady Butcher a joué sur Sir Henry, qui, avec M. Gillies criant « Donnez, donnez », se trouvait entre la meule supérieure et la meule inférieure, et ne pouvait livrer qu'un faux combat... Verschoyle comprenait aussi. tard, que *The Tempest* devait être produit non pas pour présenter Clara et Charles au public britannique, mais pour se capturer. Comme un imbécile, dans son empressement à aider Clara, il s'était laissé capturer, et maintenant il pensait qu'il lui devait réparation... Il ne savait pas à quel point la situation était devenue difficile. Le point dangereux, selon lui, était sa position à l'égard de Charles qui, heureusement, respectait sa volonté et ne tentait pas de lui forcer la main. Pourtant, la réalité était là et risquait de la faire trébucher à tout moment.

Verschoyle ne se souciait pas du scandale, et il ne se souciait pas de savoir si Charles allait ou non en prison. Cela pourrait lui donner l'instruction sur les faits élémentaires de l'existence dont il avait besoin pour lui faire apprendre à commencer par le début plutôt qu'au milieu ou à la fin... Ce que Verschoyle redoutait, c'était un choc soudain qui pourrait faire exploser le délicat bourgeon de Clara. la jeunesse, qui lui était bien plus précieuse que toute autre qualité, et la seule chose qui, dans toute sa vie, l'avait sorti de son timide dilettantisme. Pour lui, c'était une chose plus précieuse que l'ensemble de Londres, et comparé à sa réalité vivante, l'Imperium, avec sa forte emprise sur l'affection du public et sa génération de publicité derrière lui, n'était qu'une bulle gonflée.

Il prit le thé avec elle le lendemain de son dîner avec Sir Henry et la trouva désastreusement altérée, blessée et perplexe.

'Quel est le problème?' Il a demandé. « Les répétitions ne se passent pas bien ?

'Oh oui. Ils vont très bien... Mais je m'inquiète pour Charles. Il a encore emprunté de l'argent.

« Serez-vous à nouveau heureux si je promets de prendre soin de Charles ?

« Il ne devrait pas s'attendre à ce qu'on s'occupe de lui. Il est très célèbre maintenant et devrait pouvoir gagner de l'argent.

« Bien sûr, comme tout le reste, c'est une question de pratique. Vous ne vous attendez pas à ce qu'il batte Sir Henry à son propre jeu.

«Non-o», dit-elle. "Mais je pense que je m'attendais à ce que le jeu de Charles batte celui de Sir Henry."

"C'est sûrement le cas."

'Non.'

Ils étaient dans ses chambres, qui étaient maintenant meublées avec le plus de charme ; lumineux, gai et délicat en couleurs , tranquille et confortable avec des livres.

« Est-ce qu'il s'est passé quelque chose ?

Elle lui a dit.

«Je pensais que ça allait être si simple. Je sentais que Charles et moi étions irrésistibles, qu'il fallait conquérir le théâtre et faire admettre qu'il est, ce qu'il est. Rien ne peut changer cela. Mais ce n'est pas simple du tout. D'autres veulent autre chose. Ils continuent à vouloir les choses horribles qu'ils ont toujours désirées, et ils attendent de nous que nous les aidions à les se procurer. Ils ne comprennent pas. Ils pensent que nous voulons les mêmes choses.... Je n'aurais jamais pensé que je devrais être aussi malheureuse. En ce qui concerne le point , ils ne laisseront pas les vraies choses chez les gens être présentées au public.

'Oh, viens. C'est juste un vieil homme vaniteux qui obtient grâce à sa position ce qu'il n'aurait jamais pu obtenir lui-même.

«Non, non, non», protesta-t-elle. « Cela signifie ce que je dis. Cela m'a fait détester le théâtre et comprendre pourquoi Charles s'en est enfui... Seulement, l'ayant forcé jusqu'ici, que puis-je faire ? Je lui ai fait bien plus de mal qu'il ne m'a fait de mal. Il était très heureux de se promener de ville en ville à l'étranger, et c'était la vie dans laquelle j'avais été élevée, car mon grand-père s'était également enfui d'Angleterre. Peu importe là-bas le nombre de femmes que Charles avait en Angleterre... Mais je voulais voir par moi-même, et je ne voulais pas qu'il soit gâché... Je vois parfaitement que Sir Henry veut si possible de le discréditer et de prouver que ses idées ne marchent pas... Nous avons tous été très stupides. Ces gens sont trop intelligents pour nous. Il a votre argent et le génie de Charles, et aucun de vous ne peut lever le petit doigt.

Verschoyle avait l'air triste. Il ne pouvait pas le nier.

«C'est ce foutu vieux Bracebridge », dit-il. « Elle s'en fout de l'art ou du public. Elle et les siens veulent de l'argent qui flotte et tout le jeu social à Londres est devenu un tour de trois cartes entre leurs mains. Le théâtre et les journaux ne sont que le bavardage des plus aiguisés.

Clara se tordait.

« Vous ne pouvez rien faire d'autre que continuer », dit-il. « Vous êtes assuré de réussir et ils ne peuvent pas le nier. Le vieil homme le sait. D'où l'astuce pour vous éloigner de Charles... Si vous réussissez, vous tirerez parti de Charles, et... nous pouvons racheter quiconque veut semer le trouble. J'achèterai les Bracebridge , si nécessaire. Je ne suis pas particulièrement fier de mon argent. Cela vient d'une terre pour laquelle je ne fais absolument rien, mais c'est mieux que l'argent Fleischmann obtenu par la ruse d'une loterie.

«C'est une horrible vieille femme», dit Clara.

« Elle a l'intention que j'épouse sa fille, cervelle de poule... Si le pire arrivait, ma chère, vous pourriez m'épouser.

Clara était furieuse. Cela la rendait furieuse que lui, parmi tous les gens en qui elle avait si entièrement confiance, s'oublie jusqu'à proposer une solution aussi banale et sentimentale. Il ne pouvait s'empêcher de la taquiner.

«Cela me sauverait aussi», dit-il. "Et en tant que Lady Verschoyle, vous pourriez à chaque fois offrir à ces gens un Roland pour leur Oliver."

"Mais je veux les ignorer", a-t-elle déclaré. 'Pourquoi ne vois-tu pas que je ne veux pas gagner avec ma personnalité mais avec mon art. Cela devrait être la chose irrésistible.

« Ce serait le cas s'ils résistaient, mais ils ne le font pas. Ils l'ignorent... Je ne peux penser à rien d'autre, ma chère. Ils ont mon argent : dix mille dans l'Imperium et vingt chez Argentinos, et ils utilisent mon nom pour tout ce qu'il vaut.

"Et si je ne t'avais pas demandé de rester après les oiseaux et les poissons, cela ne serait pas arrivé."

"Après tout, ce n'est pas encore un désastre."

« Mais ce sera le cas. Tout cela arrive à un point critique, et ce sera Charles qui en souffrira.

« Je vous promets qu'il ne le fera pas. Il aura une douzaine de comités et tous les oiseaux et poissons dont il aura besoin.

Elle ne pouvait s'empêcher de rire. Peut-être, après tout, ses craintes étaient-elles exagérées, mais elle redoutait l'acquiescement impuissant de Charles au sort dans lequel il avait été réduit par le refus de M. Gillies de lui avancer un sou en dehors des termes mentionnés dans le contrat.

"Cela me semble certainement", a déclaré Verschoyle , "comme s'ils voulaient le briser. Cela ne servirait à rien que je dise quoi que ce soit. Ils se contentaient de montrer leur contrat et de hausser les épaules devant l'imprévoyance de Charles. Combien M. Clott a-t-il pu s'en tirer ?

'Une bonne affaire. Il en a fait chanter plusieurs centaines avant de partir. C'est pourquoi nous ne pouvons pas engager de poursuites.

Verschoyle siffla.

«C'est un écheveau emmêlé», dit-il. « Tu ferais bien mieux de m'épouser. Je ne m'attendrai pas à ce que vous preniez soin de moi.

'Ne sois pas ridicule——'

Il y eut un bruit sourd à la porte et Clara se releva nerveusement. Verschoyle ouvrit la porte et Charles entra comme un tourbillon. Ses longs cheveux pendaient en mèches autour de son visage, son chapeau était de travers, ses manchettes pendaient sur ses mains, sa cravate toute entière pendait sur son gilet, et il tenait dans ses deux mains sa canne et un morceau de papier froissé. Il laissa tomber le bâton, lissa le papier sur la table et dit d'une voix presque sanglotante :

«C'est arrivé. C'est un méchant complot visant à me ruiner. Elle exige un rôle dans *La Tempête* ou elle informera la police... Ô mon Dieu, poulet, c'était un mauvais jour quand tu m'as forcé à t'épouser.

Verschoyle ramassa son bâton et, hors de lui, avec une fureur exaspérée, s'étendit sur les épaules et les reins du malheureux Charles en criant :

« Espèce de chien, espèce de chien, espèce de sale lâche ! Tu aurais dû lui dire ! Tu aurais dû lui dire ! Vous saviez qu'elle n'était qu'une enfant !

Charles rugit vigoureusement, mais ne fit aucune tentative pour se défendre, bien qu'il mesurait une demi-tête de plus que Verschoyle et deux fois plus lourd. Il dit simplement :

« Ooh ! » quand un coup est arrivé, et j'ai attendu que l'assaut soit terminé. Puis il se frotta et se tortilla dans ses vêtements.

Clara était consternée. C'était horrible pour elle que cela se soit produit. Les coups étaient aussi inutiles qu'une dispute avec Charles... Il avait fait ce qu'il avait fait par gentillesse et par obéissance enfantine et, regardant les motifs plutôt que les résultats, n'y voyait aucun mal.

Verschoyle eut aussitôt honte de lui-même.

«Je me suis mis en colère», dit-il, et Charles, assuré que la tempête était terminée, sourit joyeusement, passa ses mains dans ses cheveux et dit :

« Pensez-vous que Sir Henry lui donnerait un rôle ?

Verschoyle rejeta la tête en arrière et éclata de rire. Une telle innocence était une plaisanterie suprême, surtout après la conversation sérieuse au cours de laquelle lui et Clara avaient exprimé leurs craintes quant aux conséquences de leur incursion dans la politique théâtrale.

"Avant, elle était plutôt jolie", a ajouté Charles. « Quelles charmantes chambres vous avez, ma chère. Ils ne sont pas aussi chauds que mon magasin de jambon et de bœuf.

« Écoutez-moi, Charles, dit Verschoyle . 'C'est sérieux. Je m'en fiche de toi. Rien ne pourrait te faire du mal. Je ne crois pas que la plupart du temps, vous sachiez ce qui se passe sous votre nez, mais c'est d'une importance vitale pour Clara. Cette affaire doit être arrêtée... Si nous ne pouvons pas racheter ces gens, je vous en donnerai deux cents pour vous en débarrasser.

'Évacuer?' » balbutia Charles, « mais… ma *Tempête* vient juste d'arriver. Je suis--'

Verschoyle prit la lettre et nota l'adresse, un des théâtres de comédie musicale.

« Avez-vous eu des nouvelles de M. Clott récemment ?

'Non. Son nom est Cumberland maintenant, vous savez. Il est entré dans l'argent. Il a dit qu'il reviendrait vers moi quand j'aurais mon propre théâtre.

« Au diable le théâtre. Je voulais savoir s'il te fait toujours chanter.

'Chantage? Oh non.'

« Ça ne vous dérange pas que les gens vous fassent chanter ? »

"Si les gens sont faits comme ça."

«Ah!» Verschoyle poussa un indescriptible gargouillis d'impatience. « Écoutez, Mann, essayez de comprendre la situation. Vous ne pouvez pas vous débarrasser de cette femme, quoi qu'elle fasse, parce que vous avez traité le mariage comme si vous pouviez prendre une femme comme si ce n'était rien de plus que l'achat d'un paquet de cigarettes.

«Je n'ai jamais considéré Clara comme ma femme.»

'Comment alors?'

« Comme Clara », dit simplement Charles. "C'est une très grande artiste."

Verschoyle était déconcerté, mais Clara pardonna à Charles toutes ses folies au nom de sa simplicité. C'était vrai. L'erreur était la sienne. Ce qu'il a dit était inaltérablement vrai. Elle était Clara Day, une artiste, et il l'avait aimée comme telle. En tant que femme, il ne l'avait aimé ni elle ni aucune autre. Ce qui dans le monde ordinaire passait pour de l'amour n'existait tout simplement pas pour lui.

Elle se tourna vers Verschoyle .

«S'il vous plaît, faites ce que vous pouvez pour nous», dit-elle. "Et Charles, s'il te plaît, n'essaye pas d'y penser à la manière de quelqu'un d'autre que la tienne. Je ne les laisserai pas vous envoyer en prison. Ils ne veulent pas faire ça. Ils préféreraient de loin que vous soyez grand et puissant pour vous saigner....'

«C'est vraiment merveilleux depuis que tu es arrivé, poulet», dit-il. «Je suis dix fois l'homme que j'étais. Cela semble tellement stupide que parce que nous sommes entrés dans un bureau miteux et que nous avons bavardé quelques mots, nous ne devrions pas pouvoir être ensemble... J'aimerais parfois que nous soyons de retour en France ou en Italie dans un studio, avec un oiseau en cage , et toi qui danses, me fais rire de bonheur....'

«Je vais voir mon avocat», a déclaré Verschoyle .

« Pour l'amour du ciel, ne le faites pas ! s'écria Clara. "Une fois que les avocats s'en seront emparés, ils mettront le feu et mettront de la graisse dessus."

"Je suis désolé de m'être oublié... Tu es un bon garçon, Charles, mais tellement idiot que tu ne mérites pas ta chance."

Ils se serrèrent la main et Verschoyle se retira, laissant Charles et Clara tirer ce qu'ils pouvaient de la confusion dans laquelle ils étaient plongés... Le moyen pour Charles de s'en sortir était simplement de l'ignorer. Si les gens ne voulaient pas ou ne pouvaient pas vivre dans son monde fantaisiste, tant pis pour eux. Il ne croyait pas que quelque chose de terrible puisse lui arriver simplement parce que, même si des calamités des plus graves lui étaient arrivées, il les avait à peine remarquées. Il pouvait oublier si facilement. Il pouvait se retirer et vivre complètement en lui-même.

Il s'assit à table et commença à dessiner, et fut immédiatement entièrement absorbé.

« Tu ne le ressens pas plus que ça, Charles ? elle a demandé.

« Si les gens aiment faire des histoires, qu'ils le fassent », dit-il. « C'est leur façon de se persuader qu'ils sont importants... S'ils me mettaient en prison, je dessinerais sur les murs avec un clou et le temps passerait vite. La différence entre nous et eux, c'est qu'ils sont pressés et pas nous. Il ne restera plus grand chose de ma *Tempête* quand ils en auront fini avec elle... Les électriciens ont des instructions secrètes de Butcher. Il n'y avait rien sur l'éclairage dans mon contrat, donc cela doit être le sien et non le mien, comme si un projet pouvait tenir sans l'éclairage prévu pour lui... Il doit y avoir des spots sur Sir Henry et Miranda et vous, s'il est toujours content de toi...'

Charles parlait d'une voix froide et impassible, mais elle savait qu'il devait y avoir une violente bagarre. Elle s'est immédiatement insurgée :

« C'est honteux ! » elle a pleuré. « A quoi sert-il de prétendre vous laisser travailler dans son théâtre si vous ne pouvez rien avoir comme vous le souhaitez ?

« Il croit aux acteurs, dit Charles, aux gens aux visages et aux âmes peints, aux gens dont l'esprit est enduit de peinture, dont les yeux en sont scellés, dont les oreilles sont bouchées. »

« Suis-je l'un d'entre eux ? » » demanda-t-elle plaintivement.

'Non! Jamais! Jamais!' dit-il en levant les yeux de son dessin. « Ils feront de nous une réussite, poulet, mais ils ne nous laisseront pas faire ce que nous voulons faire... Je ne m'approcherai plus de cet endroit. Mais tu es Ariel, et sans toi il ne peut y avoir *de Tempête* .

«Je vais aller jusqu'au bout», dit-elle, sa volonté étant réglée. « J'irai jusqu'au bout, et je ferai tout ce qui n'a aucun sens, sauf toi... Tu as fait tout ce que tu pouvais, Charles. Continuez simplement à travailler. C'est la seule chose, la seule chose...'

En prononçant ces mots, elle pensa à Rodd avec une hostilité aiguë qui équivalait presque à de la haine. C'était sa rencontre avec lui qui avait tellement confondu tous ses projets, ce brusque plongeon dans l'humanité avec lui qui l'avait tellement exposée à l'amour que même le ton de Verschoyle avait changé à son égard... Chez Charles, l'amour était aussi impersonnel que celui d'un oiseau. chanson. Ce n'était qu'un appel à sa joie rapide et il ne réclamait rien pour lui-même, mais peut-être tout pour son art. C'était là qu'il était si déroutant. Il s'attendait à ce que le monde entier accepte de servir sous sa bannière, et il était si sûr qu'avec le temps il le ferait, qu'aucune rebuffade ne l'irritait.

Clara était tentée d'accepter son point de vue et de courir tous les risques pour le servir ; mais elle se rendait compte maintenant, contrairement à lui, des forces déployées contre lui. Il ne faisait aucun doute que ce que le groupe Butcher- Bracebridge détestait était obligé de le prendre au sérieux : lui ou n'importe quoi d'autre sous le soleil. Même le public qu'ils admiraient n'était qu'un facteur parmi d'autres dans leurs calculs.

« Tout ira bien, Charles, dit-elle. «Je suis sûr que tout ira bien. Nous ne céderons pas. Ils vous ont dilué… »

'Dilué?' il s'est excalmé. « Maculé ! »

Elle l'admirait d'accepter même cela, mais, malgré elle, cela la blessait qu'il n'ait toujours aucune pensée pour elle, alors que pour lui seuls les problèmes artistiques étaient importants. Il faut laisser les problèmes de la vie se résoudre eux-mêmes. Elle ne pouvait s'empêcher de dire :

« Tu ne devrais pas tout me laisser, Charles.

« Vous pouvez gérer les gens. Je ne peux pas. Je pensais que j'allais devenir riche, mais il n'y a pas d'argent. Et même si cette affaire réussit, j'en aurai honte... Je pense que j'écrirai aux journaux et que je la répudierai. Mais c'est pareil partout. Les gens prennent mes idées et les vulgarisent . Les acteurs sont les mêmes partout. Ils ne laisseront rien au public. Ils veulent être adorés pour les qualités mêmes qu'ils ont perdues.

« Vous ne m'en voulez pas, alors ? »

'Blâmer? A quoi bon blâmer quelqu'un ? Cela n'aide pas. Cela met en colère. Il y a un certain plaisir à cela, mais cela n'aide pas.

On lui fit alors comprendre que tous ses soins pour son impuissance étaient vains. Il n'avait ni besoin ni cherché d'aide. Peu lui importait qu'il vive magnifiquement dans une maison meublée ou dans des appartements au-dessus d'une boutique de cuisine.

"J'ai bien envie de renier toute la production maintenant", a-t-il déclaré.

'Non. Non. Ils feront alors tout ce qu'ils peuvent pour vous faire du mal... Je pense qu'ils le savent.

« Tu sais quoi ?

« Que tu as une femme. »

Il abattit son poing avec un tel fracas sur la frêle table qu'il se fendit de part en part, et Clara fut terriblement alarmée lorsqu'elle vit ses énormes mains saisir la table de chaque côté et la déchirer. Il y avait quelque chose de terrible et presque miraculeux dans son énorme vitalité physique, et le gaspillage de cette énergie dans un si petit acte de rage la força à admettre ce qu'elle avait tenté de supprimer, la pensée de Rodd, et elle fut maintenant obligée d'admettre ce qu'elle avait tenté de supprimer, la pensée de Rodd. comparez les deux hommes. Elle voyait donc Charles plus clairement et dut reconnaître à quel point il manquait fatalement de force morale. Elle trembla lorsqu'on lui fit comprendre que les vieux jours heureux ne pourraient plus jamais revenir et que l'enfant qui avait si implicitement cru en lui était parti pour toujours . Elle avait la constitution, l'esprit, l'instinct d'une femme, et ces choses ne pouvaient plus être niées.

Quand sa colère fut passée, elle résolut de lui donner une chance de plus :

« Nous pouvons gagner, Charles. Nous avons Verschoyle qui nous soutient. J'accepte ma responsabilité et je serai votre épouse.

« Pour l'amour de Dieu, ne parlez pas comme ça. Je veux que tu sois comme tu étais, adorable, heureux, libre.

Elle secoua lentement la tête d'un côté à l'autre.

Charles, offensé, sortit. Elle l'entendit descendre les escaliers en trombe et sortir dans la rue.

Elle se tourna vers son canapé près de la fenêtre et resta allongée à regarder le soleil se coucher derrière les toits, les cheminées et les tours de Londres. Le ciel était améthyste et vermeil : jaune fumé et ambre : bleu et vert, tacheté de petits nuages sombres. Elle s'abreuva de sa beauté et se perdit dans le dernier jour, souffrant au cœur de ce qu'il n'y avait nulle part dans l'humanité une beauté d'égale puissance dans laquelle elle pourrait se perdre, mais partout des barrières d'égoïsme, d'intrigues, de calculs égoïstes. J'ai pensé au petit libraire de Charing Cross Road... "Faire du bien aux autres, c'est se faire du bien à soi-même..." Oui, mais assurez-vous bien que vous faites du bien et non du mal bien intentionné.

Elle avait voulu aider Charles, s'était sacrifiée pour lui, et regardez ce qui en était arrivé ! Au fond de son cœur, elle savait qu'elle avait commis une faute et que le mal avait été commis lorsqu'elle lui avait imposé sa volonté. [...] Enfant, elle avait été élevée dans la foi catholique et elle avait encore quelques restes d'une conscience religieuse, et à cela maintenant elle murmurait que c'était un péché contre le Saint-Esprit, qu'une personne impose sa volonté à celle d'une autre.

XV

À BLOOMSBURY

Au même moment, dans son grenier, Rodd arpentait sa chambre vide, observant l'impuissance à laquelle il avait réduit sa vie et son œuvre par son refus d'accepter le système social de son temps. Son travail était consciemment subversif, et donc peu rentable : sa vie n'était rien. Il était solitaire à Londres, comme s'il parlait une langue que personne ne comprenait. C'est effectivement ce qu'il a fait. Ses paroles avaient pour lui des significations dont personne d'autre n'avait la moindre idée, car elles faisaient plutôt référence à son monde imaginé qu'à une quelconque réalité.

Jusqu'à présent, cela ne l'avait pas du tout gêné. Spinoza, Kant, Galilée parlaient tous un langage inintelligible à leurs contemporains, et avec combien de personnes Nietzsche avait-il pu converser ? Les histoires racontaient qu'il y avait un boucher et qu'il était fou.

En tâtonnant avec son imagination dans les entrailles de la société dans laquelle il était né, Rodd s'était consolé avec l'assurance qu'un cataclysme viendrait briser l'odieux système par lequel les vieux asservissaient les jeunes, et qu'alors il y aurait un monde plus propre. atmosphère dans laquelle ses idées pourraient vivre et ses paroles seraient intelligibles pour tous, car dans cette atmosphère cette conscience plus profonde qui s'est libérée dans son monde imaginaire entrerait en jeu pour balayer tous les mensonges et les idées périmées.... Mais maintenant le cataclysme était entré en lui-même, et il a été amené au doute et à l'auto-examen. N'avait-il pas trop nié ? N'avait-il pas poussé trop loin l'abnégation ? N'avait-il pas contrecarré en lui-même des pouvoirs qui étaient essentiels même à son objectif impersonnel ? Était-il paradoxalement vrai qu'un homme doit être une personne avant de pouvoir être impersonnel ? Sa chambre vide, ses livres, sa pile de manuscrits ! Quelle vie! N'avait-il finalement été qu'un lâche ? S'était-il seulement replié sur ce silence pour éviter la douleur et l'ennui de la répétition ?

Au début, il se préoccupait uniquement des ravages causés dans son travail à partir du moment où Clara avait envahi son imagination, mais il fut bientôt obligé de mettre cela de côté et de se débattre avec le fait plus grave qu'elle s'était glissée dans son cœur, ce qui, pour lui, la première fois était active et réclamait sa part dans son être. Surgit alors l'horreur d'être repoussé par ce qu'il trouvait dans son imagination, des âmes froides, solitaires, torturées, des créatures qu'il fallait laisser vivre leur misère dans la solitude privée, qui n'avaient rien pour justifier leur exposition au monde, qui sans vergogne reprochaient à leurs semblables les conséquences de leur propre faiblesse, de misérables femmes accrochées, des hommes durs comme le fer dans leur égoïsme... Son cœur ne pouvait pas le supporter, mais jusqu'à ce que son cœur ait inondé sa vision de sa chaleur, il ne pouvait pas bouger, il ne pouvait pas bouger. ne prend aucune décision, sauf qu'il doit laisser la merveilleuse jeune fille tranquille.

La volonté furieuse qui l'avait animé pendant toutes ses années de solitude supportait mal cette intrusion et se révoltait contre la raison et la logique de son cœur. Cette volonté en lui avait réduit le système social à sa fin logique, la destruction des jeunes par les vieux, et ne permettrait à sa faculté créatrice aucun autre matériau. Il ne devait y avoir qu'un monde sombre d'amertume, et c'est ce qu'il avait imposé à la fois à son tempérament heureux et à son cœur généreux, de sorte que même dans la vie il n'avait pu exercer qu'une bonté plutôt faible. Sa volonté avait été de présenter au monde une image de la fin à laquelle il devait arriver, puisque la splendeur arrachée à la désolation devait aboutir à la désolation.

Et soudain, sa volonté fut défiée par cette fille étonnante, toute jeunesse, toute joie, révélant la beauté éternelle de l'esprit humain qui perdure même si les empires s'éteignent et les sociétés sombrent dans le chaos.

Très, très lentement, sa volonté, qui puisait sa force dans l'influence hypnotique de l'horreur, fut repoussée, et la lumière s'infiltra dans son monde imaginaire, des fleurs y éclosèrent, des arbres se balancèrent au gré du vent, des alouettes s'envolèrent au-dessus de collines verdoyantes flamboyantes. des ajoncs jaunes, des oiseaux sautaient jusqu'à leurs nids et chantaient, des chiens aboyaient et gambadaient de joie - tous ses souvenirs figés fondaient lentement, et des plaisirs doux et simples apparaissaient pour constituer un cadre idéal pour Clara Day. Et il se souvenait des gens simples d'une gentillesse constante, des gens comme le petit libraire qui connaissait leur monde mais croyait en sa bonté rédemptrice, des gens comme une femme qui l'avait autrefois soigné pendant une terrible maladie et n'avait jamais cessé de prier pour lui, des familles où dans sa jeunesse solitaire à Londres, il avait été le bienvenu – il se souvenait de tout cela et il les regroupait autour de Clara pour créer un monde meilleur et plus simple.

Quand son agonie fut terminée et que sa vieille volonté hypnotique fut brisée, il se dit qu'il devait se contenter que Clara soit la maîtresse de son imagination, puisqu'il avait détruit sa propre vie et n'avait rien à lui offrir. De toute évidence, elle avait trouvé le monde bon. Rien en elle n'était théâtral, rien de déconcertant. Il doit se résigner à accepter ces deux jours avec elle comme étant en eux-mêmes parfaits, suffisants et fructueux. En effet, pourquoi avait-il besoin de plus ? Ils s'étaient rencontrés aussi profondément qu'ils auraient pu espérer se rencontrer. Elle épouserait son seigneur et rassemblerait autour d'elle toutes les choses bonnes et agréables de la terre, et il pourrait retourner à son travail et le reconstruire.

Avec sa tendance plutôt absurde à généraliser à partir de son expérience personnelle, il se disait que, de même que la jeunesse et la joie avaient été libérées de son monde imaginaire, elles le seraient également dans le monde réel. Ses espoirs déçus reprirent vie et une nouvelle ambition s'alluma en lui. Il allait et venait moins vite dans sa chambre vide, ralentissait de jour en jour jusqu'à s'arrêter, s'asseyait à sa table et se replongeait dans le travail. Son arrogance réapparut et il se dit – comme c'était effectivement le cas – qu'il pouvait tirer plus d'un soupçon d'expérience que l'homme ordinaire ne pourrait tirer d'une tragédie accablante.

Au fur et à mesure qu'il travaillait, il en arrivait de plus en plus à considérer sa rencontre avec Clara comme une aventure de vacances. Charing Cross Road était pour lui ce que Paris ou le bord de mer étaient pour le travailleur ordinaire. L'épisode appartenait à ses vacances. Ce n'était rien de plus, et il fallait le traiter comme si cela était arrivé à un autre homme : il fallait le sourire, le chérir pour son parfum, le bénir pour sa fertilité... Avec la nouvelle arme qu'il lui avait donnée, il reviendrait à le tabac et le papier, matériaux de son existence.

Il a vu son nom dans les journaux, sa photo ici et là. Oh, eh bien, elle appartenait à ce monde. Sans doute elle s'amuserait avec le succès théâtral avant de se rabattre sur le titre et la richesse qui étaient à ses pieds.

Cependant, tout convaincu qu'il était de son renoncement, il ne pouvait rester à l'écart de la librairie et s'y rendait presque tous les jours dans l'espoir de la rencontrer.

Un soir, alors qu'il rentrait chez lui, il rencontra Verschoyle sur le seuil de sa maison et ne put s'empêcher de lui parler.

« Excusez-moi, dit-il, je vous ai vu parfois dans la librairie de Charing Cross Road. »

'En effet?' répondit Verschoyle , qui avait l'air anxieux et inquiet.

'Oui. Je vous ai vu là-bas avec Miss Day.

Verschoyle était à la fois alerte et méfiant. Il scruta cet étrange individu mais resta plutôt perplexe.

'Vivez-vous ici?' Il a demandé.

« Au dernier étage, répondit Rodd, au dernier étage, seul, je pensais que vous étiez peut-être venu me voir.

'Non non. Je ne te connais pas.

«Je m'appelle Rodd.»

Cela ne disait rien à Verschoyle .

«J'ai eu le plaisir de rencontrer Miss Day à la librairie. Je pensais qu'elle en aurait peut-être parlé.

"Non... Je suis allé voir une Miss Messenger au troisième étage. Est-ce que tu la connais?'

'Légèrement.'

« Vous ne savez rien d'elle ?

« Rien, sauf qu'elle a eu un enfant qui est mort... J'ai bien peur de ne même pas connaître son nom. Je ne me soucie pas beaucoup de mes voisins .

«Merci», dit Verschoyle . 'Bonne nuit.'

Rodd entra, sa curiosité travaillant furieusement sur cette étrange combinaison de personnes. Quel peut bien être le lien entre Verschoyle et le ménage minable et peu recommandable du troisième étage ?... Son cœur répondit d'un ton menaçant : « Clara ».

Il monta lentement les escaliers sombres et sans tapis et, alors qu'il se trouvait au virage en dessous du troisième étage, il entendit un cri aigu – un cri horrible, plein de terreur, de dégoût, de mépris. Il se précipita vers la porte de l'appartement du troisième étage et la trouva ouverte, resta un moment debout et entendit une voix d'homme qui disait :

« Tu le feras, espèce de chat rusé. Donne-le-moi et tu feras ce que je te dis.

'Non non Non!' cria la femme. 'Mère!'

Et la voix d'une autre femme, cruelle et dure, dit :

« Faites ce qu'il vous dit et ne soyez pas idiot ! »

Il y eut une bagarre, une chute, la respiration lourde d'un homme, un gargouillis de terreur et d'étouffement. Rodd entra dans l'appartement et trouva la femme qui l'attendait dans les escaliers, allongée sur le sol, tenant un paquet de billets de banque, tandis qu'un petit homme à l'air méchant était agenouillé sur sa poitrine, l'étranglant à moitié et essayant pour lui arracher les notes des mains. La mère de la femme était là, criant à haute voix :

« Fais ce qu'il te dit , espèce d'imbécile ! Il sait quoi. Il a ces salauds dans un coin, et il les fera payer.

Rodd se jeta sur l'homme, qu'il reconnut comme la créature que lui et Clara avaient rencontrée dans les escaliers. Il le souleva et le jeta dans un coin, où il gisait, trop terrifié pour bouger. La femme s'allongea en gémissant et en roulant les yeux, presque écumante à la bouche. Sa poitrine se souleva et elle serra plus fort les billets dans sa main… Rodd se tourna vers les deux autres et dit :

'Sortir....'

Ils lui obéirent, et il s'agenouilla près de la femme et la rassura.

« Allez, dit-il, racontez toute cette histoire avant de commencer à vous mentir à ce sujet.

«C'est mon propre argent», haleta-t-elle; «Je ne veux plus en faire. Tout est juste et équitable, s'il est payé. Si un abatteur paie, tout est juste et équitable.

Rodd acceptait le bien-fondé de cette éthique rudimentaire.

« Il voulait moitié-moitié, mais c'est mon propre argent. J'ai signé un papier pour cela et je ne reviens pas sur ma parole. Il le veut. Il veut que j'aille dans l'Imperium pour qu'il puisse avoir accès à certaines vagues...'

L'Imperium ? Rodd a décidé qu'il révélerait toute l'histoire. Il la quitta un instant et ferma la porte à clé. Puis il la souleva sur une chaise – c'était une pièce tape-à-l'oeil avec des meubles en location – lui donna une dose de cognac et commença à la harceler de questions :

'Te sens-tu mieux?'

«Beaucoup mieux. J'aime être avec vous. Tu es si silencieux. Tu comprendrais une fille, tu comprendrais. J'ai souvent eu envie de venir te le dire... Ça m'a vraiment frappé quand je t'ai vu avec elle.

'Avec qui?'

'La fille de Charley.'

'Dont?'

« Chez Charley. Celui de Charley Mann. Il est mon mari.'

Rodd resta silencieux pendant quelques instants pendant qu'il comprenait cela.

« Qui est cet autre… homme ? » demanda gentiment Rodd, commençant lentement à reconstituer l'histoire.

— C'est Claude... Il était locataire de la mère avant qu'elle ne fasse faillite et doive venir vivre avec moi. Il ne m'a jamais laissé tranquille. Je voulais aller tout droit, je l'ai vraiment fait... Charley n'est pas mal, et je pensais que je ne devrais plus jamais le revoir. Je n'aurais jamais pensé qu'il gagnerait de l'argent. Je n'aurais jamais pensé qu'on le verrait en parler dans les journaux, sinon je n'aurais jamais eu un mot à dire à Claude. Je ne le ferais pas vraiment. Seulement Charley se marie avec l'autre fille——'

Cela frappa Rodd comme un coup au visage. Kitty ne remarquait pas l'effet de son histoire et ne s'en souciait pas. Tout ce qu'elle ressentait, c'était du soulagement en racontant ce récit.

«Je voulais de l'argent pour envoyer ma mère hors d'Angleterre. Je n'en pouvais plus . Sans elle, il n'y aurait pas eu Claude, et une fille au théâtre peut aujourd'hui s'amuser seule, même avec un enfant. J'ai souvent eu envie de vous le dire.

'Sait-elle?'

« La fille de Charley ? Oui. Elle connaît. C'est une belle confusion. N'est-ce pas ? Et Charley n'est pas mal. Il va juste te perdre comme il perdrait son chapeau. Je ne voulais pas vous offenser.

Elle rit hystériquement.

« Qui vous a donné l'argent ? »

'Aussi.'

« Pour garder ta bouche fermée ?

'Oui. Charley devrait aller en prison. Claude est en prison. C'est pourquoi il aimerait que Charley s'en aille. Tous ceux qui ont été en prison sont comme ça. Cela les rend sournois et durs... Mais je dis que Charley est payé : six cents. Je ne lui aurais jamais retiré ça si j'étais restée avec lui, n'est-ce pas ?

"Je suppose que non... S'il y a d'autres problèmes, viendrez-vous me voir ?"

— J'aimerais bien, dit-elle en se redressant et en lui jetant les regards tristes et langoureux avec lesquels elle le poursuivait depuis si longtemps. "Claude dit qu'il l'a poussé si vite et qu'il aurait dû faire la même chose pour moi... Claude était à leur mariage. Je ne le connaissais pas alors. C'est un ami de la mère . Nous pensions qu'il avait de l'argent, mais il n'a pas un grain.

«Je m'occuperai de Claude», dit Rodd. "Et s'il y a d'autres problèmes, n'hésitez pas à venir me voir."

"Tout cela s'est passé après la mort de mon bébé", a déclaré Kitty, comme pour s'excuser, mais Rodd avait accepté l'histoire et n'avait aucune pensée d'excuse ou de pardon. Sa pensée était entièrement tournée vers Clara.

Comme c'était comique qu'il lui ait donné le livre de Mann ! Aimait-elle Mann ? Elle a dû le faire. Elle n'aurait pas pu l'épouser autrement... Mais alors que représentait pour elle Verschoyle , pour qu'il ait payé une si grosse somme en argent secret ? Une jalousie furieuse balaya ce qui restait du monde intellectuel de Rodd et libéra enfin ses passions. Son esprit parcourait rapidement l'histoire, la reprenant au rythme de chaque fil.

Était-elle seulement une actrice ? La perfection qu'il avait vénérée était-elle une fiction, une projection d'elle-même dans le personnage le plus agréable à son idéalisme ? Impossible! Il ne peut y avoir de feinte de pureté, d'honnêteté, de joie. C'est là que les prétentions humaines s'effondrent. Sous le prétexte de cette passion simulée, la bassesse ultime s'effondre, ne crée aucune illusion et est déjouée.

Mais à première vue, quelle histoire épouvantable ! Cela l'a ramené violemment sur terre. Il ne pouvait pas bouger, mais restait assis à regarder la femme, voulant lui dire qu'elle avait menti, mais sachant qu'elle avait parlé selon la vérité de la lettre. De la vérité de l' esprit , elle ne pouvait manifestement rien savoir. Son monde était composé de faits ennuyeux et d'émotions brûlantes . Elle ne pouvait rien savoir du monde où les émotions se transformaient en passion pour transformer les faits en emblèmes dorés de la vérité. Et c'était là le monde de Clara : le monde dans lequel il avait eu le privilège de vivre pendant deux jours, un monde dans lequel les âmes pouvaient parler à leurs âmes et rire de toute la confusion des faits et des détails dans laquelle elles seraient autrement prises au piège. Mann, Verschoyle , un succès rapide au théâtre : les faits étaient du genre de ceux qui avaient provoqué l'horreur dans laquelle il avait vécu jusqu'à sa rencontre . Sa rencontre avec elle avait dissipé son horreur, mais les faits demeurent. Lui, dans sa solitude, pourrait les ignorer et continuer à rêver, mais le pourrait-elle ? Il lui devait sûrement de lui offrir ce qu'il avait gagné par elle... Et puis, racheter la malheureuse, elle n'aurait sûrement jamais pu s'y soumettre !

Il commença à penser à Charles Mann avec une haine fulgurante et jalouse.

« Je pense que je me serais suicidé, dit Kitty, si cela avait continué. Je ne leur souhaite aucun mal maintenant qu'il a payé... Je n'en aurais dit un mot à personne, seulement elle est si jeune. Cela m'a fait un petit choc, et Charles aussi. Il est plutôt gris et a un petit ventre. Je n'aurais jamais pensé que ce serait lui qui grossirait. Je n'ai que la peau et les os. Regardez mes bras.

Rodd l'a quittée. Lorsqu'il ouvrit la porte, il fut soulagé de constater que le désagréable Claude était parti. Mme Messenger était assise près du feu dans la pièce de devant, ses jupes relevées jusqu'aux genoux et un verre de porto sur la cheminée. Elle tourna la tête avec un regard moqueur et dit :

'Bonne chance! J'ai toujours pensé qu'elle tenait à toi... Il est temps qu'elle s'installe. Elle est née pour être respectable et pour s'occuper d'un homme. C'est tout ce à quoi la plupart des filles sont faites. Mais au théâtre, une fille doit s'occuper du numéro un ou s'en aller.

La vieille femme au visage peint et aux cheveux teints faisait frissonner la chair de Rodd. Elle lui apparut comme le symbole de tout le mal du monde, de la décadence, du bouleversement, de la corruption, et avec un éclair d'inspiration il discerna en elle la source de tout cet enchevêtrement pitoyable de mensonges. Une tendre sympathie entièrement nouvelle pour lui s'empara de ses facultés et, armé de cette tendresse, il résolut de ne pas échouer dans le rôle qu'il serait appelé à jouer dans le drame de la vie de Clara.

Il dit à la vieille femme :

« Nous en avons discuté. Nous avons décidé de vous réserver un passage pour le Canada et de vous donner cent livres pour survivre jusqu'à ce que vous trouviez du travail.

'Quoi?' elle a dit : « Je quitte Londres ? Cher vieux Londres, cher vieux Leicester Square et les théâtres ? Et te laisser faire ce que tu veux avec ma fille, sale chien ? Je l'ai vue fouiner dans les escaliers après vous, un homme qui vit de pain, de fromage et de noix de raisin. Je connais votre genre, espèce de sale voyou intrusif. De toute votre vie, vous n'avez jamais donné à boire à une fille.

— Quoi qu'il en soit, dit Rodd, votre passage sera réservé, et si M. Claude Comment s'appelle ici, il y aura un cou cassé dans l'escalier.

Il sortit et entendit la vieille femme avaler un verre de porto et dire : —

"Eh bien, je suis damné!"

Puis, alors qu'il montait dans sa propre chambre, il l'entendit crier :

« Kitty, espèce de sale petit marteau à griffes… »

La porte fut claquée, et il n'entendit que leurs voix en disputes amères, en larmes, en reproches, en malédictions ; mais enfin, alors qu'il allait et venait dans sa chambre solitaire, le tumulte s'apaisa et il put lutter avec les nouvelles pensées turbulentes éveillées en lui... Il était hors de question de travailler. Il avait été ramené à la vie. S'il ne voulait pas être détruit, il devait être profondément, passionnément et scrupuleusement honnête avec lui-même. Il doit faire face à ses émotions comme il ne l'a jamais fait.

Au début, il pensa à des solutions extrêmement héroïques. Il saisirait son opportunité avec Kitty, profiterait de sa douce gratitude et la mettrait hors de danger ….. Mais à quoi bon cela ? Cela n'a rien réglé, rien résolu. Agir à l'insu de Clara serait la trahir. Il en était sûr, c'était ce que Verschoyle avait fait.

Déjà il était intervenu et on ne savait pas à quoi pourrait conduire la méchanceté de Claude... Ô Dieu, quel enchevêtrement ! Que faut-il faire, que pourrait-on faire, pour Clara ? Personne ne comptait à part elle. Mann, Verschoyle , lui-même, qu'importent-ils ? Elle était une personnalité unique et irremplaçable. Il en était sûr. C'était grâce à sa glorieuse innocence que toutes ces choses étranges lui étaient arrivées. Une femme moins généreuse, plus expérimentée et plus calculatrice aurait su instinctivement qu'il y avait une histoire étrange derrière Charles Mann... Elle pouvait plonger dans le cœur d'un homme à travers son esprit. C'était là qu'elle était si dangereuse pour elle-même. L'histoire de ses émotions purement physiques ne la concernerait pas du tout. Ses propres émotions, dans leur pureté, ne pouvaient reconnaître aucune séparation entre le corps et l'esprit, et chez les autres elles ne pouvaient soupçonner aucune division... Il en était sûr. Sans cela, tout l'embroglio était fantastique et incroyable. Elle n'aurait jamais pu, en si peu de temps, réaliser ce qu'elle avait fait par calcul et intrigue. Ce genre de succès exigeait des années de patience, sous les contrôles, les rebuffades et les insultes... Partout elle offrait sa superbe jeunesse, et elle était prise et utilisée, utilisée à des fins qu'elle ne pouvait même pas soupçonner. Sa jeunesse lui serait enlevée, on ne lui laisserait aucune place, aucun temps pour développer son talent ou sa personnalité.

La voie du monde ? Cela a été ainsi depuis trop longtemps, mais ceux qui ont un cœur fort et qui ont une âme digne y ont toujours résisté ou l'ont ignoré.

Parfois, Rodd pensait que la seule chose à faire était d'attendre, de laisser la situation évoluer naturellement. Cela ne ferait pas beaucoup de mal à Mann d'avoir des ennuis, mais Clara serait alors marquée. Toute sa vie, elle devra lutter contre l'incompréhension... Non, non. Il ne pouvait y avoir aucun malentendu à son sujet. Sa personnalité répondait à tout. Ce serait bien, ce serait splendide, de la voir surmonter tous les obstacles dans son généreux don du trésor qui était en elle à un monde qui, dans son culte de l'entraide et du pouvoir matériel, avait oublié la jeunesse, le courage et le suprême. pouvoir de la joie.

XVI

ARIEL

À mesure que les jours passaient et que la production approchait, l'Imperium était chargé d'une excitation intense. Les rouages ont été resserrés et aucune des personnes concernées n'a été épargnée. Les répétitions commençaient à dix heures du matin et duraient toute la journée, parfois jusqu'à onze ou douze heures du soir. Sir Henry avait mille et une choses à faire et était quelque peu paniqué à cause de ses propres paroles. Il s'arrêtait au milieu d'une répétition d'éclairage pour se souvenir de son rôle et se tournait vers un machiniste ou un éclaireur, n'importe qui qui se trouvait dans les parages, pour lui demander si c'était vrai, et quand ils le regardaient, il il s'emporterait et dirait :

« Shakespeare ! C'est Shakespeare ! Tout le monde connaît son Shakespeare.

Clara prenait la précaution d'apprendre son rôle dans ses scènes avec elle et savait le stimuler lorsqu'il commençait à tâtonner ou à improviser. Il était tendu d'anxiété et ignorait complètement tout ce qui ne concernait pas immédiatement la production et pour lequel il n'avait visiblement pas l'esprit tranquille. Il se parlait beaucoup tout seul, et Clara l'entendit plus d'une fois maudire Charles à voix basse. Malgré elle, elle était un peu blessée qu'il ne fasse pas attention à elle en dehors de son rôle dans la pièce. Sa seule préoccupation pour le monde en dehors de la scène passait par Lady Bracebridge et Lady Butcher, qui étaient très occupées à habiller la devanture de la maison et commençaient à présenter leurs distingués amis aristocratiques et politiques lors des répétitions, où elles avaient l'habitude de s'asseoir dans l'obscurité. de l'auditorium et dis: -

'Trop sucré! Divin, divin !

Il était difficile de voir ce qu'ils pourraient penser du chaos sur scène, avec des acteurs qui allaient et venaient en marmonnant leurs rôles, d'autres parcouraient leurs scènes, des menuisiers courant ici et là, les lumières montaient et descendaient et passaient du bleu au bleu. ambre, ambre au bleu, blanc, rouge... Jusqu'au tout dernier Sir Henry a apporté des changements, et plus il était excité, plus il s'éloignait du contexte dramatique de la pièce et s'efforçait de briser l'impression esthétique de la pièce. le tout avec d'innombrables trucs, silences, gestes, mouvements exagérés des acteurs, touches d' humour grotesque et hors de propos , dispositifs par lesquels Prospero pourrait être au centre de la scène, tout et n'importe quoi pour imposer sa propre tradition et sa personnalité à Shakespeare et à Charles. .

Clara était reconnaissante que Charles se soit disputé avec lui et qu'il ne soit pas là pour le voir. Sir Henry était comme un possédé. Il travailla avec frénésie pour redresser la situation et regagner le terrain qu'il avait perdu ; et il ne semblait sûr de lui que dans ses scènes avec Ariel, et il les repassait encore et encore, sans épargner un seul instant Clara ni penser à l'effort physique que tant de répétitions impliquait pour elle.

Elle ne s'y est pas opposée. C'était un grand soulagement d'aller dans ses appartements, épuisée, et de mentir, incapable de penser, incapable de calculer, perdue dans tout sauf sa volonté de jouer Ariel avec toute la magie et la vitalité juvénile qu'elle possédait. Pour elle aussi, tout ce qui était extérieur à la pièce avait disparu. Qu'une si grande partie de l'œuvre de Charles ait été submergée la blessait terriblement et elle s'en voulait, mais elle n'en était que plus déterminée à rétablir la situation avec son propre art, auquel, comme Sir Henry le vénérait, il s'accrochait. Elle le savait et était déterminée à ne pas échouer. Même si le travail de Charles était mutilé, son succès – si elle le gagnait – rachèterait son sort.

donc totalement au chaos tourbillonnant des répétitions, d'où il semblait impossible que l'ordre puisse jamais venir. Elle ordonnait ses propres pensées en faisant la chose évidente, en lisant la pièce jusqu'à ce qu'elle en soit imprégnée. Apparemment, personne d'autre n'avait fait cela et, à mesure qu'elle devenait plus familière et plus intime avec son esprit, elle commençait à douter horriblement que Charles l'ait fait lui aussi. Son décor semblait aussi éloigné de cet esprit que les dispositifs théâtraux de Sir Henry, et presque également une imposition. Comme elle l'a réalisé elle était forcée de constater à quel point elle était désormais complètement détachée de Charles et aussi, à sa souffrance, à quel point elle s'était exposée à l'accusation de l'avoir utilisé, bien que lui, dans sa généreuse simplicité, ne le verrait jamais dans cet état d'esprit. la lumière ou porter une quelconque accusation contre elle... Elle se reprochait bien plus ce qu'elle avait fait à Rodd. Cela, elle le savait, était sérieux, et plus elle devenait intime avec le génie de Shakespeare, plus elle comprenait les ravages qu'elle avait dû faire dans la vie de Rodd.

Comme il était étrange ce monde de premiers ministres et d'acteurs-managers qui dominait Londres et dans lequel Londres acceptait ; très charmant, très délicieux, si seulement on pouvait y croire, ou accepter que c'était le meilleur que Londres puisse vomir. Mais si c'était le cas, à quoi bon tant de publicité, de paragraphes, d'interviews ? Quel était le semblant , le théâtre ou le monde extérieur ? Quelles étaient les actrices, elle et Julia Wainwright et les autres, ou Lady Butcher et Lady Bracebridge ? Et enfin, n'était-ce, comme tout le reste, qu'une question d'argent ? L'argent de Verschoyle ? Et si Verschoyle a payé, pourquoi a-t-il été si ignominieusement écarté ?

Clara frissonna en pensant à l'immense complication de ce qui devrait être si simple, si vrai et si beau... Mais quelle alternative y avait-il ? Cette élaboration et cette corruption du théâtre ou de l'imaginaire travaillant librement dans une salle vide.

Elle n'en voyait pas d'autre. La terrible concentration de Rodd aboutit à l'impuissance ou à la dissipation des pouvoirs réels, comme chez Butcher et Mann, dans le fantastique.

Absorbée par son travail, concentrée sur la production à venir, elle se détachait d'eux tous et pouvait enfin découvrir combien aucun d'eux n'avait peu besoin d'elle. Elle ne pouvait pas vraiment entrer dans leur travail, bien que tous trois aient été dérangés par elle et détournés au moins pendant un certain temps de leurs objectifs habituels. Ce qui importait chez chacun des trois hommes, c'était l'artiste, et chez chacun l'artiste était enchaîné. par la vie. Elle leur avait promis la libération, mais seulement pour les plonger dans de plus grandes difficultés.

Elle réfléchissait sur elle-même, se demandant ce qu'elle était et comment elle en était arrivée à être si indifférente à des choses qui semblaient primordiales aux autres femmes. Ce n'était rien pour elle que Charles ait une femme. Tout cela s'était produit bien avant qu'il ne la rencontre, et ce n'était pas son affaire... Que Sir Henry lui fasse l'amour était simplement comique. Elle ne pouvait même pas en profiter, car dans cette direction elle ne pouvait pas du tout bouger. Instinctivement, elle savait que son sexe lui avait été donné dans un seul but, le plus élevé, et qu'elle ne pouvait en faire un usage vil ou matériel. Tant qu'elle adhérait à cela, elle pouvait être Ariel, un esprit pur qui dominait sa vie et dirigeait sa volonté, qu'aucun pouvoir sur terre ne pouvait briser... Comment se faisait-elle qu'elle soit si libre et si étrangère au monde des femmes ? Son éducation ! Son indépendance précoce ! Ou un nouvel esprit éveillant l'humanité ?

Elle avait déjà attrapé chez Rodd son habitude de généraliser à partir de sa propre expérience, et dans son cœur elle le savait, savait qu'elle avait commencé ce qui pourrait s'avérer être sa vraie vie avec lui, mais, comme elle l'avait été dans les projets de Mann, et des rêves et des visions, elle n'accepterait pas cela tant que tous les fils ne seraient pas rompus. Étant franche avec elle-même, elle savait qu'elle désirait et avait l'intention de les casser, mais à son rythme et en faisant le moins de mal possible aux personnes concernées. En attendant, c'était merveilleux, c'était presque enivrant et comique de porter tous les faits de sa propre vie dans le monde ordonné où elle était Ariel et imaginer Mann, par exemple, discutant d'oiseaux et de poissons avec Trinculo et Stephano, ou Rodd, avec ses rêves passionnés d'un soudain jet de beauté dans un désert de misère comparant notes avec le bon Gonzalo, tandis qu'elle, à la fois en tant que Clara Day et en tant qu'Ariel, dansait parmi eux et leur jouait des tours bizarres, et les attirait en leur faisant croire que toutes sortes de merveilles se produiraient et les ramènerait ensuite à la raison pour découvrent qu'elle n'était après tout qu'une femme, et que les merveilles qu'ils attendaient d'elle étaient bien en elles-mêmes.

Alors elle traînait avec son pouvoir, ne sachant pas vraiment ce qu'elle voulait en faire, et, à mesure qu'elle traînait, elle devenait plus consciente de sa force, et elle s'impatientait de sa jeunesse qui avait été sa perte, si facilement donnée, si facilement. accepté avec avidité. Personne d'autre que Rodd n'avait vu au-delà et, pendant un moment, elle le détestait pour l'avoir fait... Rien ne s'était passé sans heurts depuis sa rencontre avec lui. Le rythme des événements s'était accéléré jusqu'à devenir trop rapide même pour elle, et elle ne pouvait rien faire d'autre qu'attendre, rien d'autre que se rabattre sur Ariel.

La répétition générale a duré toute une journée et presque toute une nuit. Cela clopinait. Rien n'allait. Sir Henry pouvait à peine se rappeler un mot de son rôle. La perruque de Ferdinand était une monstruosité. Miranda ressemblait à la reine des fées dans une pantomime provinciale. Il n'y avait pratiquement aucune robe à laquelle Lady Butcher ne s'offusquât, même si elle considérait le filet bleu ciel et argent de Clara comme « terriblement attirant ». ... Clara se réjouissait de la liberté de son costume de fée. Sa jolie silhouette mince se montrait à la perfection. Elle bougeait comme le vent, comme une brise dans les longues herbes argentées. Elle donnait l'impression d'un mouvement totalement libéré de son corps, qui se fondait dans le mouvement et s'y perdait. L'île-scène était alors pour elle véritablement une île, le pouvoir de Prospero était une véritable magie, l'air était gorgé de sel marin, lourd, riche, chargé d'une vie invisible qui prenait forme et émettait parfois dans une musique étrange, des voix mystérieuses prophétisant. en chants et en plaintes de malheur de la vie qui ne pouvaient trouver d'autre expression... Ah ! Comme elle se sentait libre alors que tout ce pouvoir de l'imagination s'emparait d'elle, la portait en l'air et l'ouvrait à tout l'esprit nouveau, à toute la promesse de la vie nouvelle qui sortait du monde avec frisson dans cet univers magique. Comme elle se sentait libre et comme elle était inconsciente de son environnement ! Il y avait en elle ce que rien ne pouvait détruire, quelque chose de plus que la jeunesse, de plus profond que la joie qui n'est que le chant de l'alouette qui se déverse dans l'air doré d'avril... Ici, dans sa liberté, elle se connaissait, une âme, une âme vivante, avec un rire amoureux, acceptant la vie que la Providence lui a ordonnée, mais la dominant, la façonnant, la modelant , la remplissant d'amour jusqu'à ce qu'elle déborde et répande ses délices sur la vie environnante pour la rendre également libre et féconde.

Julia Wainwright la saisit dans les coulisses, la serra contre son sein et s'écria :

« Oh, ma chérie, vous serez célèbre – célèbre. Ils seront à genoux devant vous à New York.

Et Freeland Moore, habillée pour le rôle de Caliban, dit :

« Ce ne sera pas le spectacle de Sir Henry ou de Mann. Ce sera celui de Clara Day.

Les bonnes créatures ! Ce n'était qu'un spectacle pour eux, et ils étaient ravis et heureux de penser aux milliers et milliers de livres, de dollars, de francs, de roubles et de marks qui seraient versés sur leur ami. Avec un tel succès, ils rêvaient maintenant que les ennuis qu'ils redoutaient pour elle ne changeraient rien. Une « histoire » serait même précieuse.

Mais qu'avait à voir Ariel avec les livres sterling et les dollars, les roubles et les marks ? Ariel ne demandait rien d'autre que la liberté après des siècles de souffrance dans un pin fendu... Dans ce monde d'argent, de machines et d'intrigues visant à contrôler les machines avec de l'argent, être libre était le désir profond et secret de toute l'humanité. Ici, à Londres, les cœurs souffraient et les âmes murmuraient pour être libres, seulement pour être libres, pour un instant, au prix de larmes, de souffrances et d'une agonie sanglante. Clara savait tout cela dans son cœur, elle le savait depuis sa rencontre avec Rodd, depuis sa rêverie solitaire dans sa chambre, depuis les femmes ivres qui se battaient dans la rue, depuis la fantaisie incontrôlée de Charles Mann, depuis l'ennui qui rongeait le pauvre Verschoyle. cœur; et toute la connaissance de sa vie aventureuse, elle l'a rassemblée pour la distiller dans le délice de la liberté, pour elle-même et aussi pour l'au-delà qui, s'il n'y a pas de moment de liberté, pas d'épanouissement de la vie, doit sombrer dans un esclavage plus profond et plus misérable.

Dans cet état d'esprit, il était pathétique de voir Sir Henry, dont tout le pouvoir résidait dans la machinerie, se faire passer pour Prospero et gouverner par magie. Il était si pathétiquement déplacé qu'il ne parvenait même pas à se souvenir des mots qui révélaient si puissamment son autorité... Lorsqu'il s'effondrait, il déclarait qu'il était tout à fait simple d'improviser des vers blancs... Mais Clara ne le laissait pas improviser. Elle était toujours prête avec les mots, les bons mots inévitables. Elle ne le laisserait pas entraver sa liberté en s'appuyant paresseusement sur les machines du théâtre pour s'en sortir, et ainsi, quand il ouvrit la bouche et parut vague, et masqua l'absence de mots d'un grand geste, elle était prête à lui.

Il l'a réprimandée.

«Je suis toujours comme ça lors d'une répétition générale. Les répétitions générales sont toujours terribles. La production semble complètement en morceaux, mais elle est toujours là la nuit. Une bonne répétition générale signifie une mauvaise première soirée.

Mais Clara refusa qu'aucune de ses scènes s'effondre, et elles furent applaudies par les gens à la mode de Butcher- Bracebridge qui étaient assis dans les étals. Lady Butcher cria :

« Ce sera l'une des meilleures choses que vous ayez jamais faites », et la voix de son fils retentit : « Écoutez, écoutez ! Bon vieux père.

Verschoyle était arrivé, mais il fut capturé par Lady Bracebridge et sa fille et dut s'asseoir entre elles pendant qu'elles scandalisaient Clara. Selon eux, elle s'était enfuie de chez elle et avait mené une vie inavouable à Paris, ayant en fait été membre d'une petite compagnie de joueurs français ; et elle s'était mariée mais avait fui son mari avec Charles Mann, etc., etc.

«Je vous demande pardon», dit Verschoyle , «mais Miss Day est une de mes amies.»

«On admire tellement sa franchise», dit Lady Bracebridge . « Des aventures comme celles-là rendent une actrice si intéressante. »

"Mais c'est sa première apparition dans un théâtre."

Lady Bracebridge parut incrédule. Elle leva sa lorgnette et scruta Clara, qui venait de traverser la scène, suivie de Trinculo et Stephano.

« Elle est née pour ça... Je sais à quoi ressemble le théâtre français. Ils sont tellement sensés, n'attendez rien d'autre de leurs actrices.

Verschoyle comprit qu'il était inutile de discuter. Les femmes ne renonceront jamais à leur jalousie. Il remua avec inquiétude sur son siège : Lady Bracebridge était beaucoup trop intelligente pour lui et il se voyait poussé contre son gré en mariage avec sa fille, qui avait une affectation d'intelligence et l'exaspérait avec des remarques telles que :

« Ce costume d'Ariel ferait la robe de dîner la plus douce. Si j'en fais fabriquer un, m'emmèneras-tu chez Murray ?

"Certainement pas", a déclaré Verschoyle .

Clara, de sa pure voix de jeune fille, venait de chanter « Pleine brasse cinq, ton père ment », lorsque Lady Bracebridge , de sa voix la plus stridente, qui résonnait dans tout le théâtre, dit :

« J'ai entendu dire que Charles Mann avait une vraie femme qui était *enragé* de jalousie, tout simplement en colère. L'histoire la plus extraordinaire.

Clara s'arrêta net, regarda autour d'elle, impuissante, se ressaisit et continua son rôle. Verschoyle se leva délibérément et se dirigea vers la porte de la scène, où déjà il trouva Lady Butcher en conversation sérieuse avec Sir Henry :

« Nous ne pouvons pas avoir de scandale au théâtre, Henry. Tout le monde l'a entendue...'

« Le méchant vieux diable. Pourquoi n'a-t-elle pas gardé la bouche fermée ?

« Elle déteste cette fille dont vous êtes tous fous… Tout le monde l'a entendue. Vous ne pouvez pas garder une chose pareille sous silence une fois qu'elle a été dite publiquement.

"Mais elle est merveilleuse, la plus délicate Ariel. Mann ne nous inquiète pas. Je l'ai éliminé.

«Excusez-moi», dit Verschoyle en intervenant. « Je peux vous assurer qu'il n'y aura aucun problème. J'ai veillé à cela. Tu n'as rien a craindre.'

'Comme c'est gentil! Alors je pourrai dire à tout le monde qu'il n'y a pas un mot de vérité là-dedans.

Verschoyle leur tourna le dos et partit à la recherche de Clara, qu'il trouva tremblante de fureur dans l'escalier qui conduisait de sa loge à la scène.

« Comment oses-tu laisser cette femme m'insulter publiquement ? elle a pleuré. 'Comment oses-tu? Comment oses-tu? Vous auriez dû la tuer.

Verschoyle balbutia,—

"On ne peut pas tuer des gens dans les stalles d'un théâtre londonien."

« Elle ne devrait pas être autorisée à vivre. Publiquement! Au milieu de la pièce ! … Soit elle, soit moi, nous quitterons le théâtre.

« Je vais voir ce que je peux faire, » marmonna-t-il, « seulement pour l'amour de Dieu, n'aggrave pas les choses... Votre seule réponse peut être de l'ignorer. Elle rampera vers toi dans quelques mois, car tu es merveilleux .

Clara vit qu'il avait raison. S'opposer au fauteur de scandales, ce serait se mettre à son niveau. Pour la rassurer, Verschoyle lui raconta qu'il était allé à Bloomsbury pour régler les affaires.

'Où?' elle a demandé.

Il décrivit la place et la maison, et aussitôt elle eut un pressentiment de désastre.

« Avez-vous vu quelqu'un d' autre ?

« Un drôle de poisson que j'ai rencontré à la porte, avec des yeux qui me transperçaient, et ce petit gicleur de Clott. Il est au fond de tout cela.

Clara poussa un petit gémissement.

'O-oh ! Pourquoi tout le monde déteste Charles à ce point ? Tout le monde le trahit....'

"Oh, allez," dit Verschoyle , "il n'est pas vraiment attentionné pour les autres, n'est-ce pas ?"

« Cela n'a pas d'importance. Charles est Charles, et il doit et doit réussir.

"Pas si ça t'écrase."

"Même si ça me brise."

Il lui prit les mains et la supplia d'être raisonnable.

« Espèce d'adorable, d'adorable enfant, dit-il, si Charles ne parvient pas à réussir de son propre chef, cela signifie sûrement, sûrement, qu'il y a quelque chose qui ne va pas chez lui. Pourquoi devrais-tu souffrir ? Pourquoi devriez-vous être exposé toute votre vie à des railleries, à des succès et à des insultes comme celles-là en ce moment ? Tout cela est tellement inutile... Je vais aller voir Charles. Je lui dirai ce qui s'est passé et qu'il pourra être livré à tout moment.

« Mais pourquoi devraient-ils détester Charles ?

« Ce n'est pas Charles, chérie. C'est toi qu'ils détestent. Tu es trop jeune, trop belle. Ces femmes qui ont menti et intrigué toute leur vie ne peuvent pas pardonner votre franchise.

« Ils ne peuvent pas me pardonner d'être ami avec vous... Oh ! ne m'en parle plus . Je déteste tout ça. C'est tellement dégoûtant.

«Je veux que Charles s'en aille. Il peut aller à Paris et revenir si ça tourne mal.

« Je veux qu'il soit là demain soir. Je veux que tout le monde reconnaisse que tout cela est son œuvre. Il y aura un souper demain soir après la représentation. Je veux qu'il soit là.

Verschoyle haussa les épaules. Il savait que cette opposition ne faisait que la rendre encore plus obstinée.

« Très bien », dit-il, et il retourna aux étals où il se rendit extrêmement agréable à Lady Bracebridge et à sa fille, dans l'espoir d'empêcher tout nouvel accès de jalousie. Lady Bracebridge fut apaisée et dit aussitôt :

« Après tout, ces choses-là ne regardent personne d'autre que les leurs. Je pense que le paysage est parfaitement charmant, même si je ne peux pas dire que ce soit mon idée de Caliban. Mais Henry est charmant. Il me rappelle tellement le général Booth.

Clara se tenait libre de tout ce monde insensé de scandale et de jalousie. Elle avait la réponse à tout cela en elle-même. Quoi que Clara Day ait fait, Ariel était libre et inaccessible. Elle pourrait atteindre l'oubli total d' elle-même, elle pourrait naître de nouveau dans cette expérience miraculeuse pour laquelle elle avait lutté. En tant qu'Ariel, elle pouvait mener une danse à ces mortels.

" Alors j'ai charmé leurs oreilles,
de sorte que, comme des veaux, ils suivirent mes mugissements à travers des ronces
dentées , des fourrures acérées, des goss et des épines piquantes,
qui pénétrèrent dans leurs tibias fragiles : enfin je les quittai,
je les crasseux. -piscine recouverte....'

La mare du scandale : noyée dans leurs propres paroles grossières.

Elle exerçait son art, et même dans la confusion de la répétition générale se trouvait la plus délicate Ariel, si souple, si souple , qu'il semblait qu'elle devait disparaître dans les airs comme les graines flottantes à plumes du plein été. Dans les douces brises marines de la pièce, elle sentait que la croûte dure du monde devait sûrement se briser pour laisser cette beauté débordante se déverser dans son cœur. Assurément, Charles et elle ne pouvaient avoir aucun ennemi.

Ils ne signifiaient rien d'autre que ce que Charles avait proposé lors de son dîner absurde : l'amour : un amour magique et aérien... Si seulement les gens n'intervenaient pas. Elle s'était proposée de donner à Charles son triomphe et de régler ensuite ses stupides affaires mondaines. Elle savait qu'elle y parviendrait, si seulement Verschoyle et les autres ne les compliquaient pas encore davantage. Quant à l'envoi de Charles à Paris, c'était une absurdité, une pure absurdité, qu'il soit ruiné parce qu'il avait une femme sans valeur qui pouvait, si elle le voulait, utiliser son nom...

Elle était toujours entraînée par sa volonté de forcer Londres à reconnaître Charles comme son roi, et, étant si proche du succès, elle était possédée par sa propre détermination et ne savait pas à quel point elle avait nié ses propres émotions. et combien elle était proche de cet oblitération de la vie personnelle qui réduit un artiste à une momie peinte. Elle était terriblement fatiguée après la répétition générale. Sa tête lui faisait mal et son sang battait derrière ses yeux. Sir Henry vint la voir dans sa chambre, lui baisa les mains, se mit à genoux et lui rendit hommage.

Dit -elle,-

« Vous devez tout à Charles Mann. Il m'a trouvé dans un atelier à Paris alors que j'étais très malheureux et m'a laissé vivre de son art. Je ne veux pas que tu te disputes avec lui. Il faut le protéger, car il n'y a pas beaucoup de Charles et je veux que vous lui demandiez de dîner demain soir... S'il ne vient pas, je ne viendrai pas.

«Je peux sentir le succès dans l'air», a déclaré Sir Henry. «C'est comme au bon vieux temps. Mais supposons… euh… que quelque chose lui soit arrivé.

Clara rit, d'un rire fin et fatigué. Elle en avait tellement marre qu'ils rabâchent cette histoire idiote.

"Je devrais y aller et leur dire la vérité, que je l'ai obligé à m'épouser et qu'ils le laisseraient partir", a-t-elle déclaré.

«C'est un tel gâchis de votre part», dit Sir Henry en soupirant. « Vous n'êtes pas amoureux de lui. »

Elle le regarda avec étonnement.

"Non", dit-elle, choquée de dire la vérité de son cœur.

Il l'écrasa dans ses bras, l'embrassa, poussa un gros soupir et sortit dramatiquement de la pièce. Il lui avait embrassé le cou, les bras, les mains. Elle se précipita vers sa bassine et les lava. Tremblante de dégoût et de colère, elle se regarda dans son miroir et fut surprise par le reflet. Ce n'était pas Ariel qu'elle voyait, mais Clara Day, une nouvelle Clara, une fille qui se regardait avec émerveillement, se regardait dans ses propres yeux et à travers eux, au plus profond de son cœur, et savait qu'elle était amoureuse. Sa main se porta à sa gorge pour en caresser la blancheur. Elle frissonna et se libéra enfin de toutes les obsessions qui s'étaient accumulées dans son esprit depuis si longtemps, et elle perdit toute connaissance de son environnement et elle put entendre la belle voix grave de Rodd dire : -

« Oui, c'est ça, pour apprendre les ficelles et rester décent. C'est pour ça qu'on se démarque.

XVIIIe

SUCCÈS

L'Imperium était à son apogée pour la première représentation. Lady Butcher avait bien fait son travail, et les gens rassemblés dans la fosse en avaient pour leur argent avant même le lever du rideau. L'orchestre caché sous une verdure gaie discourait d'une musique légère tandis que les grands hommes et les belles femmes du moment entraient dans leur bel apparat, conscients d'être eux-mêmes, espérant être reconnus comme tels. Des acteurs qui avaient pris leur retraite avec des titres étaient venus soutenir Sir Henry en encourageant le public à prendre l'habitude d'applaudir. Les politiciens qui réussissaient entraient dans les gradins comme s'ils sortaient sur l'estrade lors d'une grande réunion. Ils restèrent un moment debout et examinèrent l'assemblée d'un œil aquilin gladstonien. Leurs femmes rougissaient de fierté de leur propriété si leurs maris étaient reconnus et faisaient le buzz... Lady Butcher, avec son fils, occupait une loge, et de l'autre côté se trouvaient Lady Bracebridge , sa fille, et, à travers un beau calcul de sa part, Lord Verschoyle . épouses des ministres... un bourdonnement de voix, un battement d'éventails, le gazouillis et le sifflement des scandales chuchotés, le venin froid qui rampe dans les veines de la société des mummers... Il y avait de la magnificence et du luxe, mais au-dessous de tout cela se trouvait le calme mortel dont Charles s'était plaint cette nuit-là sur le pont Saint-James. Avant que le rideau ne se lève, Clara le sentit... Ses rêves d'un vaste public enthousiaste périrent dès qu'elle monta sur scène pour s'assurer que le décor de Charles était bien mis en place.

Il entra sur scène au même moment, regarda autour de lui, secoua sa crinière et renifla.

«L'éclairage le tue», dit-il.

Clara est allée vers lui.

"Tu vois, Charles, c'est devenu réalité."

« À moitié vrai. À moitié vrai.

« Ressentez-vous quelque chose qui ne va pas avec le public ? »

'Non. J'y ai jeté un coup d'œil. Toutes les houles sont là, mais aucun cerveau.

Clara se moqua de lui.

«C'est au revoir, Charles.»

'Que veux-tu dire?'

"Ça ne pourra plus jamais être pareil... Je ne suis plus le même."

'Que veux-tu dire?' » demanda-t-il alarmé.

« Je vous le dirai après la représentation. Où êtes-vous assis?'

"Je suis dans la case de l'auteur."

« Avec son fantôme ?

'Non. Il s'est seulement retourné dans sa tombe.

Les machinistes étaient assez alertes et occupés pour le naufrage, que Charles avait arrangé très simplement : une scène sombre, un mât avec une lampe qui devait vaciller et sombrer, et des nuages bas se déplaçant.

Clara et lui se séparèrent. La musique cessa. L'orage éclate et le rideau se lève.

Après quelques instants, la nouveauté de la scène du navire s'est dissipée, une certaine partie du public, percevant comment cela était fait, a ri de la simplicité de la scène et une autre partie a crié « Chut ». La pièce devait se dérouler dans une maison divisée.

Le style audacieux du projet de Charles pour l'îlot-cellule a été retenu malgré l'éclairage et a été applaudi, mais, comme d'habitude avec les acteurs anglais, le rythme était lent et le couplet prononcé avec lourdeur. Le sens de la caricature de Lady Bracebridge était presque infaillible. Sir Henry dans le rôle de Prospero ressemblait exactement au général Booth et encore une fois, une partie du public a ri. Ils en étaient venus à rire, comme le font toujours les Anglais, de la nouveauté, et ils rirent jusqu'à ce que Miranda s'endorme.

Clara, mise au défi de ce public, a rassemblé toute sa vitalité et a fait froidement et consciemment ce qu'elle avait fait auparavant, presque en extase . En pleine lumière, devant l'immense public, elle sentait que la pièce était trahie, qu'il y avait des choses trop saintes pour être rendues publiques... Elle détestait ce public, qui gloussait et riait. Son entrée était presque un ordre méprisant de leur demander de se taire, avec ses cheveux en bataille volant férocement tandis qu'elle dansait, chaque pas fait avec légèreté comme si elle tombait d'un vent ami.

« Salut à tous, grand maître ! grave monsieur, salut ! Je viens
répondre à ton meilleur plaisir ; ne vole pas,
ne nage pas, ne plonge pas dans le feu, ne chevauche pas les nuages bouclés
, pour répondre à ta forte tâche,
Ariel et toutes ses qualités.

Elle se tenait debout comme elle l'avait été sur le rocher de Westmorland. Même dans son immobilité, il y avait l' extase même du mouvement, car rien en elle n'était immobile... Un grand soupir de plaisir s'échappa du public et, avec un mouvement imperceptible et pourtant ressenti, elle se transforma en une chose de pierre, et prononça d'une voix surnaturelle sa description de la tempête.

« Merde ! » » dit Prospero dans un souffle. « Vous les avez. »

Elle l'avait fait, mais elle méprisait une conquête si facile. Ce public était comme une piscine immobile. Il tremblait de plaisir tandis qu'une impression lui était jetée comme une pierre. Elle ne pouvait que déplacer son immobilité, pas toucher son cœur. Elle méprisait ce qu'elle faisait, mais le faisait loyalement parce qu'elle s'y était engagée.

Sa première scène avec Prospero fut applaudie avec un enthousiasme étonné. Sa jeunesse, sa simplicité, sa grâce avaient donné à ces métropolitaines un plaisir nouveau, une sensation nouvelle. Ce n'était rien de plus. Elle savait que ce n'était plus le cas. Elle était en colère contre les applaudissements qui interrompaient la pièce. L'insensibilité du public en avait fait un spectacle. Sa qualité même l'avait séparée du reste du spectacle et, au fond de son cœur , elle savait qu'elle avait échoué. Il n'y avait pas de pièce de théâtre : il n'y avait que trois personnalités exposées : Sir Henry Butcher, Charles et elle-même. Shakespeare, comme Charles l'avait dit, s'était seulement retourné dans sa tombe. Shakespeare, qui était le poète de ces gens, fut ignoré par eux au profit de la personnalité des interprètes. Il n'y avait rien à changer. Elle avait fait une impression si vive que le public se réjouissait d'elle et non de sa contribution à tout l'enchantement de la pièce. Cela a été rompu même pour elle, et à mesure que la soirée avançait, elle a cessé même pour elle-même d'être Ariel et a été forcée d'être Clara Day, affichée en public.

Elle le détestait, et pourtant elle n'avait aucun sens des déclinaisons. Aucune illusion enchantée n'avait été établie. Le décor de Charles Mann n'est resté que le décor. Sir Henry Butcher et le reste de sa compagnie n'étaient que des acteurs. Une troupe d'animaux interprètes aurait été plus amusante : en effet, dans son amère déception, Clara sentait qu'elle faisait partie de cette troupe, la dame en collants qui tient les cerceaux à travers lesquels sautent les chiens et les singes.... Si puissant Il y avait cette colère en elle qu'au bout d'un moment elle commença à se burlesquer, à exagérer ses mouvements et à garder sa voix basse à un aigu enfantin, et le public l'adora. Ils en ont fait un spectacle, une sorte de music-hall, aux dépens de la poésie magique des adieux de Shakespeare à son art... Elle ne savait pas trop se caricaturer et, comme elle le faisait souvent lorsqu'elle était en colère, elle parlait à elle-même en français :— ' *Voila ce qu'il il faut* ! Tara-ra - boom-de-ay !'—Comme ils ont avalé ses chansons ! Comme ils rugissaient et hurlaient quand elle dansait, la délicieuse et merveilleuse fille !

Elle ne l'aurait pas fait si elle avait su que Rodd était devant. Il avait décidé d'aller au dernier moment, de la voir, comme il le pensait pour la dernière fois, avant qu'elle ne soit livrée au public... Il en connaissait la voracité. Il savait à quoi servait le théâtre, pour maintenir le public drogué, pour le maintenir noyé sous les lieues et les lieues des eaux fades de l'ennui. Il savait parfaitement que rien ne pouvait les en détourner, que tout réveil était trop douloureux à supporter pour eux, et qu'il n'y avait aucun moyen d'éviter ce sacrifice constant de personnalité après personnalité, de talent après talent, de victime après victime. Il avait espéré contre toute attente que Clara, étant ce qu'elle était, se sauverait à temps, mais il avait décidé qu'il n'avait pas le droit d'intervenir ni d'offrir son aide. Contre une machine comme l'Imperium, que pourraient faire les jeunes ? Il lui attribuait la confiance illimitée de la jeunesse, mais il savait qu'elle serait brisée.

Il avait un siège au fond du cercle vestimentaire et il souffrait d'agonies. Le paysage de Mann l'ennuyait. L'homme avait une imagination dramatique, mais à quoi bon l'exprimer dans la peinture et dans une structure de toile et de bois sans référence aux acteurs ? Car c'est ce que Charles a fait. Il n'a rien laissé à la pièce. Ses paysages, à sa manière, étaient aussi oppressants que le vieux réalisme ; en fait, c'était le vieux réalisme renversé... Il attirait l'attention sur lui-même et l'éloignait du drame.

Rodd reprit son souffle lorsque Clara apparut pour la première fois. Il pensa un instant qu'elle devait réussir, et que le reste de la compagnie, même le décor, devait être captivé par la beauté qu'elle exhalait. Mais les électriciens étaient trop pour elle. Ils la suivirent avec des spots-limes et ne lui laissèrent aucun jeu d'ombre et de lumière... Rodd le savait, c'était Butcher, exploitant sa nouvelle découverte, la poussant dans la gueule avide du public. Quelle cruauté ! Cette exquise créature d'innocence, cette même Ariel, née enfin dans la vie pour surgir de l'imagination qui l'avait créée, ce délicieux esprit de liberté, est venue inviter le monde à se réveiller de sa paresse et de sa honte ! A utiliser pour nourrir l'appétit de sensation et de nouveauté !

Rodd a vu combien elle souffrait, a vu comment, au fur et à mesure du divertissement, les ailes de son esprit se sont ratatinées et ne lui ont laissé que son talent et sa volonté. Rien dans sa vie ne l'avait plus blessé... Et lui aussi ressentait le calme mortel de ce public, malgré toute son excitation et son enthousiasme bruyant. Il avait conscience de quelque chose de prédateur et de vautour en lui, de cette qualité très hideuse qu'il avait si exactement représentée dans son propre travail que personne ne pouvait le supporter, et son âme était devenue malade et lasse jusqu'au jour où il avait rencontré cet enfant. de liberté... C'était comme s'il la voyait mourir sous ses yeux, et cette expérience épouvantable prenait une horrible signification symbolique - la richesse et la lubricité écrasant la jeunesse et la joie de leurs ennemis . C'est vers cela que Londres dérivait. Cela n'avait pas d'autre but... Oui, ce public était Caliban, convoitant Miranda, haïssant Ariel, désireux d'assassiner Ferdinand - la jeunesse, l'enchantement, l'amour, tout devait être fait à mort. La prestation de Clara était pour lui comme le dernier chant étouffant de la jeunesse. Cela aurait dû l'être, il savait qu'elle voulait que ce soit, comme tout art, une prophétie.

Quel malin destin l'avait poussée à trébucher si tôt, à la conduire par des chemins si étranges vers le succès qui tue, le succès vénéré à Londres, le succès obtenu au prix de toute qualité de vie.

Il l'observa de très près et commença à comprendre son mépris. Sa touche de burlesque le fit éclater de rire, de sorte qu'il fut renfrogné par ses voisins dans le cercle vestimentaire, et il commença à avoir plus d'espoir. Il était certain que c'était pour elle le début et la fin, et il supposait qu'elle épouserait son Seigneur et se retirerait dans une vie facile et cultivée. Il avait apprécié Verschoyle lors de sa seule rencontre avec lui et savait qu'on pouvait lui faire confiance.

En vérité, les paroles de la pièce étaient merveilleusement justes, lorsque Clara chantait :

"Joiement, joyeusement je vivrai maintenant
Sous la fleur qui pend sur la branche."

Rodd baissa les yeux sur Verschoyle penché hors de sa boîte et se sentit sûr que c'était sa porte de sortie. Elle ne pourrait plus supporter cette momerie peinte. Elle pourrait façonner une créature bonne et simple comme Verschoyle à ses manières et devenir un grand personnage. Tellement réconforté, il entendit les scènes finales de la pièce dans toute sa dignité véridique, et il regarda autour de lui le public repu, se demandant combien d'entre eux attachaient un sens aux paroles lancées contre eux avec une puissance si étonnante.

« Le charme se dissout rapidement,
et comme le matin se glisse sur la nuit, faisant fondre les ténèbres, ainsi leurs sens naissants commencent à chasser les vapeurs ignorantes qui enveloppent leur raison plus claire.

Leur compréhension
commence à enfler, et la marée qui approche remplira bientôt les rivages raisonnables, qui sont maintenant sales et boueux.

La tendresse de cette profonde réprimande fit sortir Rodd de sa haine du public et, sur un coup de tête , il courut et attendit devant la loge de Verschoyle . Il voulait le voir sans savoir précisément pourquoi, peut-être, pensait-il, seulement pour s'assurer que Clara était en sécurité.

Les applaudissements à la descente du rideau ont été tumultueux. Sir Henry s'inclina – à droite, à gauche, au centre . Il a fait un petit discours.

« Je suis profondément heureux du grand accueil que vous avez réservé à nos efforts au service de notre poète. Je suis fier d'avoir eu la collaboration de M. Charles Mann, et d'avoir eu la chance de découvrir en Miss Clara Day Ariel. Je te remercie.'

Le public a réclamé Ariel, mais elle n'est pas apparue. Elle s'était éloignée dans sa loge et avait arraché son filet bleu ciel et argent. Elle les déchira en lambeaux, et son habilleuse, qui avait saisi l'excitation exaltée qui parcourait le théâtre, fondit en larmes.

Rodd faillit s'évanouir d'anxiété lorsqu'elle ne apparut pas, et il fut presque renversé lorsque Verschoyle , blanc jusqu'aux lèvres, s'élança hors de la boîte.

"Désolé, monsieur", dit-il, et il s'éloignait quand Rodd l'attrapa par le bras.

"Laisse-moi partir, bon sang", dit Verschoyle .

'Je veux te parler.'

Verschoyle reconnut son homme et dit :

« Au nom de Dieu, est-ce qu'il s'est passé quelque chose ?

(Il s'était passé quelque chose mais ils ne le savaient pas. Dans sa loge, au milieu de la représentation, elle avait trouvé un mot :—

« Chère Madame, — Soit vous m'accordez un entretien profitable après la représentation,   soit   la   police   sera   prévenue   demain   matin.

'CLAUDE CUMBERLAND.')

«Je voulais seulement», dit Rodd, «vous demander de transmettre mes meilleurs vœux à Miss Day. Juste ça. Rien de plus.'

Verschoyle le regarda et Rodd éclata de rire.

'Non. Je ne suis pas ce que tu penses. J'ai été et je suis toujours à votre service. Cette nuit a été une des plus misérables de sa vie. J'ai regardé le spectacle. Butcher et son public ont été trop pour eux.

"Mais le succès était le sien."

« Vous ne la connaissez pas bien, si vous imaginez qu'un tel succès est ce qu'elle désire.

Un préposé s'approcha d'eux avec un mot de Clara contenant celui de Cumberland. Verschoyle le tendit à Rodd, qui le chiffonna et dit :

«Je savais que c'était là le point dangereux. Veux-tu m'emmener la voir ? Je connais ces gens. J'ai fait ce que j'ai pu. J'ai mis ce type à la porte juste après votre départ.

«Il y a un dîner dans la chambre de Sir Henry», dit Verschoyle , avec un regard inquiet sur les vêtements de soirée miteux de Rodd. 'Je vais vous y conduire. Êtes vous un acteur?'

'Non. J'écris. Je me souviens de vous au Hall quand j'étais à Pembroke.

Cela a rassuré Verschoyle . Il aimait cet homme profond et calme, et sentait qu'il en savait plus qu'il ne laissait paraître, devinant même à moitié qu'il avait joué un rôle important et secret dans la vie de Clara. Il lui présenta Lady Bracebridge et sa fille, qui étaient restées pour voir le grand public fondre et organiser une petite réception de félicitations pour le succès de « leur » pièce. Lady Bracebridge remarqua immédiatement les bottes de Rodd, une vieille paire de cuir verni craquelé, mais sa fille lui bavardait :

« N'était-ce pas trop doux ? J'adore *La Tempête* . Caliban est vraiment adorable, n'est-ce pas ?

Rodd sourit sombrement mais poliment.

Ils se dirigèrent vers la scène où ils trouvèrent Charles Mann donnant un pourboire aux machinistes. Les escaliers qui montaient de la scène étaient remplis de personnages brillants, tous heureux, excités, buvant l'atmosphère du succès... Dans la chambre de Sir Henry, Lady Butcher se tenait debout pour recevoir ses invités. « Trop délicieux ! ... La production la plus charmante ! ... Exquis! ... C'est vraiment trop horrible le Ballet Russe !

Les acteurs en costumes, les yeux dilatés d'excitation nerveuse, les lèvres tremblantes de soif d'éloges, se déplaçaient parmi les Juifs, les hommes politiques, les journalistes, les grandes et les petites célébrités... Sir Henry se déplaçait de groupe en groupe. Il était le plus brillamment spirituel.

Mais il n'y avait pas d'Ariel. Plusieurs dames qui désiraient l'inviter à déjeuner dans leur souci d'investir du capital dans la nouvelle star, réclamaient à grands cris de la voir.

« Elle est fatiguée, pauvre enfant, » dit Sir Henry d'un air amoureusement propriétaire.

« Mais *il faut qu'elle* vienne », dit Lady Butcher, désireuse d'exploiter l'intérêt suscité par Clara, et elle s'éloigna précipitamment.

Charles Mann entra à ce moment-là et fut aussitôt entouré de femmes gazouillantes.

« Vous devez lui dire, dit Rodd à Verschoyle , il doit sortir... La laisserez-vous partir avec lui ?

"Jamais", dit Verschoyle , et attendant son occasion, il attrapa Charles par la manche, l'emmena dans un coin et lui remit le mot de Cumberland.

Le visage de Charles devint gris verdâtre .

'Que veut-il dire?'

«Chantage», répondit Verschoyle . "Vous ne pouvez pas lui demander de continuer à vivre avec ça qui pèse sur sa tête."

«Je peux payer», dit Charles.

"Elle paiera pour toujours ."

'Que puis-je faire d'autre?'

« Dégagez, donnez-lui une chance. Laissez-la faire sa propre vie pour que cela ne puisse pas la toucher, quoi qu'il vous arrive.

'Mais je ...'

« Peux-tu penser seulement à toi ? »

'Mon travail.'

« Écoute, Mann. J'en ai payé six cents pour que ça reste silencieux. Cela ne l'a pas fait. Je suppose qu'ils se sont disputés pour le butin.

'Six cent.'

'Oui. Que pouvez-vous faire? Ces gens en demandent de plus en plus.

"C'est la ruine."

'Oui. Si vous ne partez pas.

Charles commença à paraître âgé et flasque.

«Très bien», dit-il. 'Quand?'

'Demain matin. Je veillerai à ce que tu aies de l'argent et tu auras désormais autant de travail que tu voudras, grâce à elle.

« Tu ne sais pas ce qu'elle a été pour moi, Verschoyle .

'Non. Mais je sais ce que n'importe quel autre homme aurait été pour elle. Tu aurais dû le lui dire.

« Demain matin, dit Charles. 'J'y vais.'

Il se détourna et se réjouit des sourires et des félicitations du groupe Bracebridge -Butcher.

Verschoyle retourna vers Rodd :

« Tout va bien, dit-il. «J'avais peur qu'avec ce succès, il veuille tenir le coup. Ces idéalistes sont incroyablement pharisaïques.

Lady Butcher revint avec Clara, très pâle et élancée dans une petite robe de soie noire. Sir Henry s'approcha aussitôt d'elle et prit possession d'elle. Il lui murmura à l' oreille :

« Avez-vous reçu mes fleurs ? »

'Oui.'

« Et ma note ?

'Oui.'

'Resteras-tu?'

'Non.'

Sa main se porta à son cœur en voyant Rodd. Comment est-il arrivé ici dans cette compagnie oppressante ? Elle était désolée et détestait sa présence.

Elle recevait ses félicitations avec indifférence et acceptait, sans la moindre intention de donner suite à son acceptation, toutes ses invitations. Rodd était là. C'était tout ce qu'elle savait, il était là parmi ces gens vides et voraces.

Il s'approcha d'elle et la rattrapa alors qu'elle passait d'un groupe à un autre.

« Pardonnez-moi », dit-il. « Je devais venir te voir. Je pensais que c'était la dernière fois... Je connais toute votre histoire, jusqu'à ce soir. Il s'en va.

'Charles?'

'Oui.'

«Je ne peux pas rester ici. Je ne peux pas le supporter... Tu ne vas pas rester.

'Comment savez-vous?'

«J'étais avec vous toute la nuit....»

Leurs regards se croisèrent. Encore une fois, il n'y avait rien d'autre qu'eux deux. Tout faux-semblant , toute momie avait disparu. La vie était devenue pure et forte, plus riche et plus merveilleuse encore que la pièce dans laquelle, déconcertée par les hasards de la vie, elle s'était efforcée de vivre.

« Demain, dit-elle, je vais à la librairie à midi et demi.

Il s'inclina et la quitta, et rencontrant M. Clott ou Cumberland dans les escaliers de sa maison, il eut la satisfaction de le secouer jusqu'à ce que ses dents grincent, et de lui dire que M. Charles Mann était parti à l'étranger pour une durée indéterminée.

XVIII

AMOUR

Le soleil de la fin septembre brillait doucement sur Charing Cross Road et ses rayons pénétraient dans la librairie où le libraire, en manches de chemise, luttait avec les comptes qu'il s'efforçait de tenir avec précision. Il les détestait. De tous les livres, les plus détestables sont les livres de comptes. Qu'est-ce qu'un homme qui fait du commerce a à voir avec l'argent ? Il vaut bien mieux se faire voler de bons livres que de les laisser poussiéreux sur les étagères.

Le libraire rit intérieurement. Les journaux étaient pleins d'éloges à l'égard de sa « jeune dame » , même si elle ne pourrait jamais être aussi merveilleuse et aussi bonne fée dans le jeu de rôle qu'elle l'était lorsqu'elle entrait dans sa boutique en apportant douceur et lumière. il était là depuis un certain temps et il s'inquiétait un peu pour elle. Il était heureux de savoir que seul le travail l'avait éloignée. Il avait eu à moitié peur qu'il puisse y avoir « quelque chose » entre elle et ce foutu et silencieux Rodd, qui n'avait rien au monde à part quelques abeilles dans son bonnet. Le libraire, être une âme simple, voulait qu'elle épouse le Seigneur, pour terminer le conte comme le devraient toutes les bonnes héroïnes, et il était même allé jusqu'à adresser des colis de livres imaginaires à Madame.

Charing Cross Road était à son apogée la plus étrange et la plus conviviale ce jour-là où tout Londres résonnait de la renommée de Clara, et le seul endroit où elle ne trouvait aucun écho était son propre cœur.

Elle avait décidé dans sa loge, au milieu de la représentation, qu'elle ne pourrait plus jamais s'approcher de l'Imperium. C'était fini. Elle avait fait ce qu'elle avait prévu de faire au départ. Dans son plus grand objectif ultérieur , elle avait échoué, et elle savait maintenant pourquoi elle avait échoué, parce qu'elle était une femme et amoureuse, et étant une femme, elle devait travailler sur l'imagination d'un homme avant de pouvoir devenir une personne apte à s'attarder sur le la terre avec ses semblables... Sans un pincement au cœur, elle abandonna ses ambitions, s'inclina devant l'inévitable et, pour la première fois depuis de longues semaines, dormit du sommeil facile et doux de la jeunesse. Sa rencontre avec Rodd dans la salle à manger l'avait soulagée de toutes ses responsabilités écrasantes. Elle les lui a transmis et c'est d'elle qu'il a gagné la force de tout porter.

Elle était ponctuelle à la minute près, mais il était en retard.

« On se déchaîne à votre sujet dans les journaux, jeune homme , dit le libraire.

'Sont-ils?'

« Vous ne les avez pas vus ?

Il avait découpé toutes les affiches, et pour lui faire plaisir, elle faisait semblant de les lire, mais elles lui donnaient une sorte de nausée. Les critiques écrivaient comme des laquais flattant le succès de Sir Henry... À Paris, avec son grand-père, elle avait vu un jour se jouer le *Mariage de Figaro* . Sir Henry lui rappelait le duc d'Almaviva , et elle pensait avec humour que le type s'était réfugié au théâtre, peut-être pour y mourir. Sir Henry était sûrement le dernier de cette lignée. Même avec le soutien des journaux, le monde, embobiné et trompé comme toujours, ne consentirait plus à les soutenir.

C'était une bonne transition de l'Imperium à la librairie. Les livres étaient dans l'ensemble fiables. S'ils vous ont trompé , c'était de votre faute. Il n'y avait pas avec eux la pression de la foule pour contribuer à la tromperie.

Ce petit homme en bonne santé vivant parmi les livres, sur eux et pour eux, était exactement la personne qu'il fallait qu'elle voie en premier en ce jour où elle devait abandonner son imitation pour son véritable triomphe. Cette journée était comme une fleur qui avait poussé de tous ses jours. Dans son miel se distillait tout l'amour qu'elle avait inspiré aux autres, et tout l'amour que les autres lui avaient inspiré.

C'était le vrai Londres, ici à Charing Cross Road, minable, insouciant, sans ambition, sans méthode. C'est ici, dans le vrai Londres, qu'elle souhaitait commencer sa vraie vie. Depuis sa première rencontre avec lui dans la librairie, son imagination la plus profonde n'avait jamais quitté Rodd, et elle savait tout ce qu'il avait enduré. Elle avait été très profondément consciente de sa lutte pour se libérer de sa captivité, tout comme elle avait lentement et obstinément trouvé sa propre issue. Tout ce qui avait existé avait disparu. Il ne restait que le bien. Le mal avait été brûlé et pour elle, il n'y avait désormais plus aucune tache sur la terre, ni brume pour obscurcir le soleil. Son âme était aussi claire que ce jour de septembre, et elle savait que Rodd était aussi clair... Elle ne pensait même pas à tout ce qui lui restait, tant cela ne valait rien. Une carrière, de l'argent, du pouvoir, de l'influence ? Avec l'amour, le sourire d'un enfant heureux, un rayon de soleil dansant dans une pièce sombre, un bouquet de fleurs dans une haie sont des trésors qui valent plus que tout cela, des joies qui donnent des moments de perfection où tout se révèle et rien ne reste caché.

Y a-t-il jamais eu un moment plus parfait que celui où Clara et Rodd se sont rencontrés dans la librairie, l'un pour l'autre ayant renoncé à tout ce qui semblait valoir. La mort aurait pu survenir à ce moment-là et tous deux auraient été satisfaits, car il ne pouvait y avoir de musique plus riche, plus profonde et plus simple... Elle était étonnée de la nouvelle maîtrise en lui. La sensibilité douloureuse qui l'avait gêné avait disparu. Il est venu directement vers elle, s'est emparé d'elle sans attendre une impulsion de sa volonté. Ils se rencontraient désormais en toute liberté et étaient franchement amoureux.

Le petit libraire consterné les regardait tour à tour, mais se taisait. Clara lui rappela qu'il avait un jour remarqué à quel point la vie consistait en des hommes et des femmes qui s'entraînaient.

«C'est vrai», dit-il. "La plupart d'entre eux piétinent les autres."

«Eh bien», dit Clara. «Nous l'avons fait. Nous nous sommes surmontés.

«Hors de l'incendie», dit Rodd en riant.

'En effet! Vas-tu la rejoindre dans la pièce de théâtre ?

«Pas du tout», dit Clara. «Je vais le rejoindre dans l'écriture de la pièce. Je ne suis une star qu'une nuit... Si nous mourons de faim, je vous obligerai à me prendre comme assistant. Vous pourriez me payer un salaire maintenant.

"Je ne vois pas un homme avec une bajoue comme celle-là laisser sa jeune fille mourir de faim", rigola le libraire.

Ils s'achetèrent en guise de cadeaux les livres suivants : *Les Œuvres dramatiques de JM Synge, Les Lettres d'amour d'Abélard et d'Héloïse, Les Noces de Figaro, Tom Jones* et six volumes des *Œuvres d'Henrik Ibsen* , qui étaient bon marché. Ils ordonnèrent qu'on les envoyât dans son appartement, et avec la bénédiction du libraire, si chaleureuse qu'elle en valait la peine, sur leur bonheur, ils entreprirent de reproduire dans tous les détails le jour de leur première excursion.

Ils prirent le métro jusqu'à Highgate et marchèrent jusqu'à Hampstead en traversant la Heath, mais lorsqu'ils arrivèrent à l'auberge avec les bateaux-tournants et les ronds-points, ils les trouvèrent déserts et furent ennuyés. Ils voulaient que l'histoire soit racontée encore et encore, avec une réplique exacte, sans varier par un simple détail. Comme c'était impossible, ils prirent le thé à l'auberge et il lui raconta l'histoire complète et vraie de sa rencontre dans la librairie de Charing Cross Road. Elle écouta comme une enfant heureuse et demanda :

« Est-ce qu'il l'aimait ?

'Comme la terre le soleil.'

Mais en quittant l'auberge, l'histoire se répéta, car une jeune fille se retourna et regarda Clara avec envie et dit à son amie :

'Mon! J'aurais aimé avoir des jambes comme ça *et* des bas de soie.

Ainsi la journée s'écoula, et le soir ils descendirent à l'Imperium où il élevait sa splendeur brillamment éclairée. La représentation avait commencé. Ils lisent les pancartes devant les portes. Il y avait déjà une nouvelle affiche avec un dessin flashy d'Ariel, à sa manière vulgaire qui n'est pas sans rappeler

Clara. Il y avait aussi des affiches reproduisant les annonces de l'Ariel et du Prospero.

«Et Ariel est partie», dit Rodd.

«Je lui ai laissé un mot hier soir», dit Clara. «Il me poursuivra probablement en justice pour rupture de contrat. Il ne manquera aucune occasion de recevoir une publicité.

Rodd l'a ramenée à la maison et ils ont arrangé qu'ils se marieraient immédiatement. Ni l'un ni l'autre ne savaient vraiment si le mariage absurde avec Charles rendrait le leur illégal, mais ils décidèrent de prendre le risque.